c

Libro de reclamaciones

Antología poética personal

(1981-2016)

de

Isaac Goldemberg

con prólogo e ilustraciones de

Juan Carlos Mestre

Los Papeles de Brighton

2018

© 2018 Isaac Goldemberg (del texto)
© 2018 Juan Carlos Mestre (del prólogo y las ilustraciones)
© 2018 Los Papeles de Brighton

Ilustración de cubierta: Juan Carlos Mestre, serie *Libro de los libros*, número 4, acuarela sobre papel artesanal (2017); fragmento.

Editado por
Los Papeles de Brighton
Camino de Génova 39
07014 Palma de Mallorca (Islas Baleares)
España
https://lospapelesdebrighton.com

ISBN: 978-84-947593-0-7
Depósito legal: PM 29-2018

Libro de reclamaciones.
Antología poética personal (1981-2016)
Primera edición: Palma, 7 de enero de 2018
Colección Mayor, número 8
Diseño de la colección: laculture.es

El autor en su apartamento neoyorquino.
Foto de David Z. Goldemberg (2014).

ISAAC GOLDEMBERG (Chepén, Perú, 1945) vive en Nueva York desde 1964. Ha publicado cuatro novelas, doce libros de poesía, dos de relatos y tres obras de teatro. Sus publicaciones más recientes son *Philosophy and Other Fables* (relatos, Nueva York, 2016) y *Remember the Scorpion* (novela, Los Ángeles, 2015). Su novela *La vida a plazos de don Jacobo Lerner*, traducida a varios idiomas, fue incluida en 1995 entre las 25 mejores novelas peruanas de todos los tiempos, y en 2001 fue seleccionada como una de las 100 obras más importantes de la literatura judía mundial de los últimos 150 años. Su obra ha sido publicada en numerosas antologías de Europa, Estados Unidos y América Latina. Fue catedrático de la New York University (1972-1986) y actualmente es profesor distinguido de Humanidades del Hostos Community College (The City University of New York), donde dirige el Instituto de Escritores Latinoamericanos y la revista internacional de cultura *Hostos Review*. Es también miembro de la Academia Norteamericana de la Lengua Española y profesor honorario de la Universidad Ricardo Palma, de Lima.

ÍNDICE

Nota biográfica, p. 5.
LAS HUELLAS DEL HABLA, por Juan Carlos Mestre, p. 15.
Índice y razón de las ilustraciones, p. 29.

LIBRO DE RECLAMACIONES

LIBRO DE LAS TRANSFORMACIONES, p. 33.

Lección de filosofía, p. 39.
Pacto, p. 40.
Desierto, p. 41.
Mail interplanetario, p. 42.
Odisea del espacio, p. 43.
La sombra del guerrillero, p. 45.
Vida nueva, p. 47.
Fábula, p. 48.
Arte po/ética con Dios en el medio, p. 49.
Retrato en sepia, p. 52.
Un día, p. 53.
Terra ignota, p. 55.
Lección de arte, p. 58.
Personaje, p. 60.
Rostros, p. 62.
Epitafio, p. 63.
Resucitar un muerto, p. 64.
Mesa, p. 65.

Muro, p. 66.
Tránsito, p. 67.
Lección de poesía, p. 68.
Plegaria, p. 70.
Retrato del humano (I), p. 71.
Sentido de la propiedad absoluta, p. 73.
Ley, p. 74.
Tierra prometida, p. 76.
Lección de Kábala, p. 79.
Oficios del profeta, p. 81.
Apariciones, p. 82.
Lección de terror, p. 84.
Mail de Dios a los pueblos elegidos, p. 85.
El viejo, p. 86.
Las diez palabras, p. 87.
Desapariciones, p. 88.
Ley del retorno, p. 90.
Film, p. 91.
Testamento, p. 93.
Retrato del humano (II), p. 94.
Las palabras mayúsculas, p. 96.
Éxodo, p. 97.
La Última Cena, p. 99.

LIBRO DE LAS RAÍCES, p. 103.

Oración fúnebre, p. 109.
Crónicas, p. 113.
   I. Entonces empecé mi viaje por la historia, p. 113.
   II. Yo conocí a mi padre sólo de retrato, p. 116.
   III. Érase una familia que escondía la cara en día domingo, p. 117.
   IV. El abuelo como alma en pena por la casa, p. 117.
   V. Aquí me preguntan por ti de vez en cuando, p. 118.

VI. El abuelo se murió a las seis de la mañana, p. 118.
VII. 1945 es testigo, p. 119.
Los judíos en el infierno, p. 121.
Wayno zapateado de Chepén a Santiago de Chuco, p. 123.
Diáspora, p. 124.
Vals criollo, p. 125.
Soneto inexacto del judío peruano y viceversa, p. 127.
Genealogías, p. 128.
  I. Con nada, lo que se dice nada, p. 128.
  II. Padre: Caíste en mí al saltar tu soledad, p. 129.
  III. Madre: Tus pasos sigilosos acostumbrados a mi sombra, p. 130.
  IV. Padre: Tu historia errante reclama, p. 130.
  V. Madre: nuevas noches marcarán el hábito de nuestro viaje, p. 131.
  VI. Tu casa vacía la habitas con el pelo empapado, p. 131.
Umbilicus mundi, p. 133.
  I. Jerusalén, p. 133.
  II. Cusco, p. 134.
  III. Nueva York, p. 135.
Lección, p. 137.
Tawantinsuyo, p. 138.
Bar Mitzvá, p. 139.
Autorretratos, p. 141.
  I. Yo y mi judío a cuestas, p. 141.
  II. El judío es tan triste, p. 141.
  III. Inacabadamente erecto, p. 142.
  IV. A veces sueño que soy Jesucristo, p. 143.
  V. Solos yo y mi palabra, p. 144.
  VI. Clavado donde la vida impulsa, p. 144.
  VII. Nube mi rostro, p. 145.
  VIII. El hombre que soy, p. 145.
Hagadá, p. 146.
Casas, p. 148.

Yom Kipur, p. 149.
Elegía por Hershel Gosovsky, p. 150.
El rabino de Staraya Ushitza, p. 151.
Memorias de mercachifle, p. 152.
Elegía por la bella Esther, p. 153.
Shabat, p. 154.
Día de Semana Santa, p. 155.
Itinerario, p. 156.

DÉCIMAS, CANCIONES Y POEMAS DE FINO AMOR, P. 159.

DÉCIMAS, p. 165.

I. De lejos te vengo amando, p. 167.
II. La inmensa falta que me haces, p. 168.
III. ¿Qué quieres tú que te diga?, p. 169.
IV. Yo quiero que tú me quieras, p. 170.
V. No es hueco nuestro vacío, p. 171.
VI. Estamos tú y yo en la tierra, p. 172.
VII. Sí es para toda la vida, p. 173.
VIII. Todo lo que llevo dentro, p. 174.
IX. Quiero que mi ser te duela, p. 175.
X. No tenerte es mi tortura, p. 176.
XI. De mi amor eres la dueña, p. 177.
XII. Tengo los ojos hundidos, p. 178.
XIII. Bien mal amados del amor, p. 179.
XIV. ¿Cómo sabes, dime, que estás?, p. 180.
XV. Mi corazón anochece, p. 181.
XVI. Conque compartir deseas, p. 182.
XVII. Yo sé que seré tu rey, p. 183.
XVIII. Permíteme que te diga, p. 184.
XIX. Todo lo que yo te escribo, p. 185.
XX. Tiende la muerte su puente, p. 186.

CANCIONES, p. 187.

Marinera, p. 189.
Vals criollo, p. 190.
Huayno, p. 191.
Tondero, p. 192.
Fandango criollo, p. 193.

POEMAS, p. 195.

Orígenes, p. 197.
I. De pronto la tierra se inflama, p. 197.
II. Como imágenes hartas, p.197.
III. Murciélago con diente de leche, p. 198.
IV. Mi mujer va por la casa cojeando, p. 198.
V. Luz de una tierra lejana, p. 199.
Vals, p. 200.
Cuerpo del amor, p. 201.
I. Amor bifronte y cara, p. 201.
II. Ante el abismo que es el amor, p. 202.
III. Conoces lo peor de mí, p. 202.
El ángel de los celos, p. 203.
Sueños, p. 204.
I. En el sueño del hombre, p. 204.
II. Nos soñamos en un país que era mío, p. 205.
Dobles, p. 206.
Caminos del amor, p. 207.
I. Los caminos del amor, p. 207.
II. Va el hombre en busca del amor perdido, p. 208.
III. En ti, mujer, p. 208.
IV. El amor es ganas de la otra o del otro, p. 209.

HOMBRE DE PASO, p. 211.

Hombre de paso, p. 217.
I. Aquí me empieza la vida, p. 217.
II. Es que a veces el cuerpo, p. 218.
III. Caigo en lo cierto, p. 218.
IV. He aquí que nadie sabe quién se ha muerto, p. 219.
V. Un día de estos, p. 219.
VI. Al final del día, p. 220.
VII. Ni poder hacerse el loco, p. 221.
VIII. Al ponerse de pie le suceden cosas imprevistas, p. 221.
IX. Entre dos puentes, p. 222.
X. Mi silencio es un tañido de campanas, p. 222.
XI. Siempre me digo, p. 223.

Estado de las cosas, p. 224.
I. Con el dedo en el gatillo, p. 224.
II. La verdad yo no quiero irme a ninguna parte, p. 224.
III. Enorme el día, p. 225.
IV. Cualquiera tiene ojos para la muerte, p. 226.
V. Le doy al poema, p. 226.
VI. Ese niño que sólo tiene, p. 227.
VII. En su primera muerte, p. 227.
VIII. ¿Se nos hará duro este pan?, p. 228.
IX. He aquí de nuevo tus pasos, p. 228.
X. El círculo de nieve, p. 229.

Inventarios, p. 230.
I. Ni siquiera me impongo, p. 230.
II. Nací en los clavos de Jesús, p. 230.
III. Se me hace alguna vez, p. 231.
IV. En mi corazón, p. 232.
V. El día se me acomodó, p. 232.
VI. Uno filma mentalmente hermosos flash-backs, p. 233.
VII. Si con previo aviso de la muerte, p. 233.
VIII. Ven cómo tejo, p. 234.

IX. Se me pide que le destape, p. 234.
X. Nadie hablará mal de mi epitafio, p. 234.
Máscaras, p. 236.
I. Padre: más allá de mi ojo de profeta, p. 236.
II. Madre: tu mirada de espaldas, p. 236.
III. Los espejos rotos, p. 237.

DIÁLOGOS CONMIGO Y MIS OTROS, p. 239.

Prefacio, p. 245
Escribir un poema después de Auschwitz, p. 246.
Saberes, p. 247.
Fool them twice, shame on them, p. 248.
Caídas, p. 249.
Botellas, p. 250.
Sentimientos, p. 251.
Ecos, p. 252.
Pérdidas, p. 253.
Humanos, p. 254.
Socialismos, p. 256.
Arte poética, p. 257.
Pueblos y poetas. P. 258.
Muertes, p. 259.
Seres, p. 261.
Jai Qs, p. 262.
Historias, p. 265.
Biografías, p. 266.
Casticismos, p. 267.
Ruidos, p. 268.
Judíos y peruanos, p. 269.
Estilos, p. 270.
Paraísos, p. 271.
Deseos, p. 272.
Telenovelas, p. 273.

Lección de religión, p. 274.
Memorias, p. 276.
Animales que hablan, p. 278.
Culpables, p. 278.
Estatuas, p. 279.
Civilizaciones, p. 281.
Humanos comunes, p. 282.
Libros, p. 283.
Países, p. 285.
Tiempos, p. 286.
Poéticas, p. 287.
Liberaciones, p. 289.
Novelas, p. 290.
Judíos y ruinas, p. 291.
Los espacios del cuerpo, p. 292.
Monigotes, p. 293.
Mezclas, p. 294.
Posiciones, p. 295.
Extranjeros y tierras, p. 296.
Goles y arqueros, p. 297.
Deuda saldada, p. 299.
Humanidades, p. 300.
Cumpleaños, p. 301.
Ríos mares infancias, p. 302.
Poesías, p. 303.
Traductores y poetas, p. 305.
Nuncas, p. 306.

LAS HUELLAS DEL HABLA

Acaso la filosofía pronuncie la primera palabra, pero es la poesía la que otorga al universo la intuición de ser, la categoría del habla como revelación de una voluntad deífica. Así llega hasta nosotros la verdadera felicidad de existir en el lenguaje que da forma a la realidad del mundo, un estar en la construcción del destino, un habitar la casa del error donde todo discurso se convierte en lengua desconocida, en habla inaugural de lo que la razón abandona y la revelación ilumina. Y así también llega hasta nosotros este tratar de comprender qué es la poesía de Isaac Goldemberg y su decir aproximativo a lo entero de la existencia del hombre. Isaac ahonda su visión, más allá de las vinculaciones argumentales de la lógica, en la sensibilidad metafísica y en las analogías espirituales que dan sentido a la acción sagrada de la poética activa, poesía entendida como un desafío moral y político de la conciencia humana. Su poesía establece un pacto con la raíz misma del gran misterio, con la voz sin boca de la fundación original, la que pronunció su palabra antes de que las cosas poblaran el cosmos y lo informe deviniera en forma de un eterno presente; es decir, la duración; es decir, las presencias del pensamiento en la geografía del ensueño y la vida real como un territorio poblado de símbolos.

Isaac Goldemberg camina sobre las aguas materiales de la existencia como lo harían los pies del milagro sobre la superficie de la creencia, un vínculo entre la promesa y las correspondencias de la tierra no prometida, sino imaginada, del poema. He ahí la tarea constructiva de la voluntad humana, elevar sobre lo irracional de los sonidos inarticulados del habla el gran canto de la memoria, la irradiación de su oscura luz sobre la noche resplandeciente y los afortunados y también ominosos prólogos de la ventura humana. Ahí está el desierto como inicio del camino, la sangre como primera mancha moral en la historia de la conducta. De ahí la microfísica del poder y el desorden de la belleza cauterizando las heridas de la razón. El poeta habita una presencia oculta y haciéndolo la descubre, la desvela y evidencia, la hace ocupar otro espacio sin sustraerla a la invisibilidad, la hechiza con la conciencia de la vida y la metaconciencia de la muerte. El poeta entra en el sueño como acceden los amantes a sus cuerpos desnudos, entra en la cifra del sentido y en las figuras rítmicas de las correspondencias celestes, en la correlación y en las equivalencias, en la lectura de los espacios abandonados por la súbita desaparición de la esperanza y lo misericordioso. Mas el poeta restablece su estrella sobre las pequeñas aldeas del corazón, habla con las frases muertas y las aguas que hierven, retorna al límite donde la nostalgia hace grandes señales a los desaparecidos y a quienes aún esperan la señal del relámpago al borde de los caminos de la iluminación. Isaac ha caminado con ellos, con los que carecieron de su tiempo en la historia y con los que renacen cada vez que los oídos mentales de la lluvia escuchan la tierra. No lee el pasado, Isaac lee el mañana del espíritu, las justas balanzas con almendras y la gracia unánime del sol sobre las tierras de la promesa. Isaac canta con el que "sale a buscar agua en una calabaza". Y encuentra el agua, el rocío del origen que da sentido místico al guerrillero y al pájaro.

Cavilan los enamorados al borde de su noche, medita Isaac mientras los caballos cruzan sin ser vistos el horizonte curvo del tiempo donde toda la delicadeza humana entrega como tributo el don del lenguaje a la comprensión del mundo. Son las voces, es el pacto entre la pasión y el habla, es el juramento entre la voz y las especies transparentes del aire respirado por las víctimas, son los términos y los ofrecimientos, es el verbo bajo la sombra del árbol del Génesis donde los vivos hablan por la esperanza de los muertos, por las voces muertas de cuantos cargados de razón amanecen de nuevo en el poema para que sus pensamientos sigan vivos. Es la restitución de lo hurtado al cielo mental de la belleza lo que agita y subvierte estas páginas, la voz de los otros, la fila donde los débiles se yerguen desde la irrefutable dignidad de su juicio contra los verdugos. Presencias, sí, de las que fluye la melodiosa gratitud de un hacer inocente: la palabra poética configurando la vacilante matemática del destino, la rítmica turbulencia de la historia, la íntima condición del espacio donde incuba la ilusión del hombre su sol de arena. Isaac es la unidad divisible del alefato que extiende sobre el silencio la redención de su condena, y lo silente se ausenta de su mudez, y lo inadvertido se desoculta de su olvido, y lo abandonado retorna al ámbito de lo pródigo. Isaac percibe la angustia de los sin rostro, y otorga faz a la ausencia civil del insatisfecho. Isaac invoca y obtiene: luz a la izquierda del libro donde cada letra es sagrada, luz sobre los espejos sin azogue de la vigilia y sus correspondientes figuras en el abismo del sueño, luz sobre las narraciones pretéritas de la condición humana y las sílabas negras de lo prejuzgado, luz sobre las negaciones eclécticas de la felicidad y las confidencias ardientes del espíritu. Hay confesión y testificación en estas páginas, hay sonoros retratos cuyo eco *inextinguible llega hasta las puertas de la melancolía. Hay melancolía e impaciencia, y una insurgente mas delicada manera de estar en el mundo junto a la gente del mundo, en la naturaleza rebelde de lo libre y en la bienaventurada tarea de los avisadores del fuego ante los abismos terrenales. Ellos, los que despiertan a los demás ante la inminente catástrofe, ellos invadidos por el recuerdo de un encargo que nadie les ha hecho pero que han de cumplir hasta que el tiempo del tiempo acabe. Entre ellos este Isaac Goldemberg, su poesía nutrida por la oscuridad luminosa de la filosofía y los sembradores de lámparas en las tierras negras, en las patrias donde algún día habrá de volver a brotar el elogio del conocimiento. Es Isaac contra la ignorancia, la feroz dulzura de la conciencia poética contra los procedimientos de la impiedad y las atrocidades del autoritarismo. Una voz en la asamblea de los que dialogan con el infinito, la voz del poeta que como un sentimiento geológico del mundo se petrifica en el azar de las constelaciones y en el firmamento lingüístico del habla poética como realidad fundadora de todas las demás verosimilitudes y concepciones paralelas del cosmos.*

La poética de Isaac Goldemberg es una lección de grandeza, una enseñanza en cuanto inteligencia de un texto, en cuanto testimonio de una excelencia moral. Su conversación con las tensiones críticas entre el bien y el mal, su ánimo para afrontar la evidencia y la imposibilidad de resistir lo ominoso desde las certidumbres éticas de la conciencia contemporánea, hacen de su entendimiento un logos unitario y armónico, una teoría del ser cuyo principal axioma es la naturaleza sagrada y contextura moral, ángeles y demonios, de la condición humana. Poeta en el exilio y en las afueras de la otredad, poeta tras las fronteras del éxodo y la permanente refunda-

ción de un destino, Isaac eleva la emotividad de su cántico de las criaturas sobre la "dignidad solitaria de las cosas" y las personas. No hay sombras que se le oculten, ni resplandores que lo deslumbren en el tránsito entre sueño y fábula, entre el país sin nombre de los desterrados y la casa en el aire de los que ya solo residen en el recuerdo. Importa en esta poesía la justicia ejercida sobre el espacio de las mutilaciones, sobre las lesiones históricas de la condición judía, la fisonomía del sufrimiento, el silabeo del descifrador ante los enigmas del infortunio y las metamorfosis de la desgracia. Instalado en la lengua común el hablante somete a los poderes artísticos la decisión significativa de sus dialectos, los personajes heterodoxos que habitan la memoria y transmigran entre lo truncado y lo absoluto, entre la ilusión de lo pendiente de ser soñado y las deudas por lo no vivido; seres de cuya belleza se nutre de una súbita cualidad la materia del mundo, frases, cuadros, nebulosas, visiones ordenadoras de una existencia concebida en términos de promesa, de una impaciencia inferida en términos de redención. Indudablemente Isaac sabe cuál es el derecho de todo ser a la justicia y lo hermoso, Isaac conoce la capacidad de toda pasión por generar lo bello y la competencia reordenadora del amor entre los discursos del afecto, la responsabilidad y lo justo. Isaac está ante el desafío del amanecer y frente a las seducciones consumadas del crepúsculo. Isaac recuerda y ama, acaso la tarea primera del poeta: la emancipación del olvido y la flexibilidad sintáctica de las consolaciones sobre el atronador silencio de las víctimas.

Este libro está pleno de rostros y de personas en busca de su rostro. Este libro está lleno de palabras que buscan a alguien, que aún siguen buscando a los que desaparecieron en el hambre que no sacia ni la venganza de la primavera ni la estrella amarilla en la raíz de las flores que besó Moisés. Aquí están los que nacieron por la "sencilla costumbre de nacer", y los que resucitan cada vez que alguien deja una piedrecita sobre las nubes del corazón. Se oye aquí a un coro concertado de voces, los que regresan de sus delirios puros, los masacrados por el envilecimiento de las estructuras y las formulaciones execrables; se oyen aquí a los extraños de sí mismos y a los indefinidamente al borde de su ninguna posibilidad futura; están aquí los que encontraron la sal que no es de nadie, y los que de igual manera hacen del reparto memoria futura de una mesa colectiva. Isaac escribe palabras para dejarlas en el Muro, palabras sin otras pruebas que la de ser palabras, palabras de la inexistencia, palabras de la existencia de Dios, brotando del pan, de las casas, de las fosas.

Es la abolición de las intermediaciones con lo sagrado lo que se destruye con la caída en desgracia de la poesía, como es el triunfo de la vida lo que su bien restituye. Esa es la creencia, a pesar de los estigmas y de la afrenta, de las perdurables significaciones del dolor. Porque un irredento dolor traspasa también estas páginas antes de que hayan de desembocar en un conjuro contra el pesimismo. Estos poemas, este canto giratorio, estas substancias puras de la individual conciencia del testimonio dan argumentación moral a la asamblea que en el sitio de su pueblo sigue siendo, para la poesía de las densidades ideológicas, la infancia de Dios y el nacimiento del lenguaje. Isaac no oculta la desesperación, ni encubre la angustia de los tímidos, tampoco enmascara la imposibilidad de los más fuertes ante el "drama de la desaparición". Isaac nombra, y al nombrar erige contra la vulgaridad del olvido la sinagoga de la espiga sobre las páginas de tierra de la conciliación. Avenencia entre la propiedad y los despojamientos, entre las heridas terrenales y las leyes involuntarias del cielo. Y no está solo, es multitud en el vacío, una muchedumbre que ha desertado de la fila, los que abandonando la humedad sombría salen al colectivismo del sueño y al fresco futuro de las aguas. Tierra de la promesa este libro de Isaac Goldemberg, libro también secreto y cabalístico, libro de fronteras visibles y apariciones invisibles, levantado sobre las rocas de los sobrevivientes, excavado bajo todos los imaginarios y las preceptivas de la segunda lógica, allí donde surge el territorio inacabable, indestructible, de la visión poética y la respiración del pensamiento crítico.

Y si "el primer fundamento de la fe es el Nombre", Isaac nombra. Nombra el Nombre. Nombra la deconstrucción de nuestras máquinas de pensar y las metáforas del poder, nombra la acción de los yuxtapuestos y la complicidad de los indiferentes, nombra la resignación permisiva y la voluntad de los atestiguantes, Isaac nombra la apostasía de los indemnes y al que se encoge de hombros ante la muerte. Isaac escribe sobre las mujeres y los hombres de pena y su insaciada esperanza, escribe sobre la velocidad de la luz y las arrugas en la frente; Isaac escribe sobre lo inmutable y la flaqueza del éxtasis entre el tumulto humano. Isaac escribe sobre el allí, el no lugar donde el tetragrama impronunciable se manifiesta en la letra. Allí está Salomón y el Señor de Sipán. Allí está su padre y la noche, "mantel bordado y candelabro". Allí, "ay vidita", el profeta Jeremías y Carlos Marx. Allí la casa, la lluvia sobre las uvas y el pan blanco del zorro, la llave que abre las calles sin salida hacia la libertad como definitiva genealogía de la memoria del ser en el mundo. Es el lugar de la víspera, el territorio donde la anticipación deviene en nostalgia de futuro, en súbita redención de un instante que desafía la cronología *inmóvil de la memoria y se constituye en un activo recuerdo: "mi padre… viene a lavarme las orejas… el rabino me hace subir a la bimá…" Para que se oiga, para que sea escuchado desde el podio, el poema en el centro del santuario de la existencia, la palabra revelada en la alta festividad de los significados que articulan el conocimiento y otorgan conciencia a las figuraciones y decorado crítico de la Creación. "Sardinas y pan blanco" sobre la mesa para el hijo del mandamiento, estos poemas de Isaac Goldemberg designan una enseñanza complementaria de la ley oral, la escritura pronunciada, hecha voz irrevocable de una condición que asume metafísicamente el habla de lo otro, la esencial presencia de la otredad en busca de rostro, en indagación de lo fugaz en la casa de la permanencia y ante los espejos que entre el cielo y la tierra reflejan la condición humana.*

Es acaso de esa conciencia de temporalidad, de lo que por breve es trascendente, en donde echa raíces la paradójica tristeza de este alegre habitante del poema, "a veces sueño que soy Jesucristo", de este hombre que camina sobre las aguas de la escritura hasta confundirse en la lejanía con los párrafos de la promesa. Patria de un lenguaje fronterizo y éxodo del ser hacia los panes ácimos, la poética de Goldemberg instaura una plenitud de sentidos sobre la excavación que cada poema realiza en las geografías del encantamiento, ya sea Ucrania o el ayayai de las tierras polvorientas de Chacra Colorada, ya suene el shofar o la quena, allí donde hay palabra hay casa, allí donde hay luz hay día. Día para la elegía del vendedor de corbatas, día para los prostíbulos góticos de las cabezas desnudas, lo comprensible y lo incomprensible, la intuición que en el cerebro de las rocas imagina el agua. Agua y tiempo, he ahí la materia esencial de la que están hechas las palabras de Isaac y "las espigas de Judea".

Voz coral instalada en el mestizaje de la sabiduría, voz que nombra para borrar lo nombrado y transmutarlo en materia tras el destierro de las significaciones, el recuerdo como categoría moral de la historia, la memoria como un constructor configurante de la verdad abolida, del lenguaje puesto en crisis, en una situación límite donde solo la redención, la exaltada melancolía que transfigura en destino la solidaridad y la culpa, la misericordia y la fraternidad, dan sentido a los conceptos del amparo, la radical misericordia y la innegociable esperanza.

Aquí el ciprés habla en yidis con las cruces católicas, y las colinas de Lima descienden sobre el valle de Jerusalén. El peso es la medida como el carnero es la ofrenda y la parte el cálculo de cada necesidad. Es sábado. Es sábado en la escritura del silencio y en los caracteres de la permutación. Es el día siguiente en que toda narración es arrastrada por los vientos erróneos hasta llevar lo visible más allá de lo invisible. Es la escritura de la invisibilidad haciéndose presente sobre las cenizas de los que ya solo viven en el aire, en el mito transparente de Dios y entre las líneas de su escritura, más que temperatura de lo humano, más que sonrisa liberadora y definitiva de la razón poética. Sea lo que fuere el ángel, hay ángel en este libro, el ruido ordenado en la periferia del resplandor según Tristán Tzara, las alas que le crecen a cada árbol personificado en los laberintos según Sholem; ángeles civiles y ángeles laicos cuya creencia es la propia sustancia de ser ángeles, materiales sobrantes de la creación simbólica del mundo, sueño de la mujer en la casa oculta del hombre y sueño del hombre en la casa también oculta de la mujer; ángeles que cantan con la boca cerrada, ángeles mudos en el mármol, ángeles tallados en los huecos de arcilla del silencio; ángeles hay en esta asamblea de fragmentos y amor que es toda amistad con las palabras, esa exterioridad sin límites del ser que se hace edad, escritura en el espacio, y pasión de lo sentido como experiencia única del universo.

No es el de Isaac Goldemberg un territorio establecido en los márgenes de la dicción donde se originan los mitos fundacionales de las escrituras en el éxodo, sino el de un topos circunscrito a la etopeya moral de un pueblo, un monólogo en el que el universo judío habla por sí mismo, significa por sí mismo entre las líneas y texturas configurantes del carácter de su leyenda. Resistencia y evocación de la utopía, el arte político de la palabra implicada en los subrayados de la conducta, sin duda aquella que viene a recordarnos, otra vez más, que los seres humanos somos responsables unos de otros. Desalojando el conflicto, reinstaurando la invocación deífica, transformando el destierro en una experiencia espiritual, la poética de Goldemberg es un tratado de hermenéutica sobre la condición misteriosa de la palabra en la conciencia humana, un acceso a la otra condición del ser, aquella que tan por encima de la pragmática nos otorga, como en todo acto de revelación, el conocimiento intuitivo de la historia que nos constituye como personas. Historia confesional y laica, historia de lo fragmentario y lo arraigado a la imantación de la creencia, memoria colectiva y epopeya íntima del ser enfrentado a cada una de las circunstancias azarosamente cuánticas del destino. Historia al fin del ciudadano y su sombra civil encausado en el proceso de la legitimización discursiva, allí donde la palabra ya no nombra ni designa, sino que celebra, sino que testimonia des-

de el tiempo futuro la viva presencia de aquello que jamás logrará borrar de los tribunales de la conciencia el recuerdo del exterminio y la totalidad de los ominosos actos de fuerza. También contra eso escribe Goldemberg, contra la posibilidad cruel del olvido y contra la violación sistemática de los significados del porvenir.

"¿De cuál de las doce tribus desciendes tú?", se pregunta el poeta, y la respuesta, como toda construcción de sentido ante la intemperie del no saber, no ha de ser otra que la tribu de la humanidad, aquella que ante las categorías morales de la historia halla en la condición sagrada de la persona su única y definitiva necesidad. Una poética construida ciudadanamente en la laboriosa mezcla de sentidos, de injertos significativos, de historias corales. Voz en la que se cifra la paradojal permanencia de lo fugaz, el tiempo detenido en las legislaciones imperativas de la memoria, en la desafiante voluntad de hacer del recuerdo un vivo testimonio de futuro, acaso la responsabilidad más honda de la palabra hacia los muertos, con los errantes y las sombras, con los viajeros sin otro rumbo que la revelación de su propio origen entre los bienaventurados en el silencio.

Este libro, esta elegía y esta celebración, es el estado de cosas en que se transforman las palabras después de haber cumplido su función audible en el lenguaje, estos poemas son estancias, casas para ser habitadas por la conciencia de otro, tú, lectora, lector. Catres donde han soñado las personas del verbo, las infancias sin otro espacio que la liturgia textual, el acomodo crítico del habla ante la intemperie, la soledad, los espectros del miedo. Y esa aproximación a la verdad simbólica es aquí, ahora, el día de la luz ante los ojos cerrados de la muerte, y es también el acto de valentía del poema ante lo tachado.

Isaac ha cumplido su mandato, ha dialogado con las grandes tradiciones de la lírica, ha entrado en la identidad de los nuevos descubrimientos, en los territorios arrancados al vacío y en la especulación de los gestos que amplían los horizontes significativos del porvenir. Isaac ha visto, ha oído, ha vuelto a religar las visiones de lo desconocido con el humor sagrado, con la sonrisa del ser que configura su conducta moral en lo intuido como expresión suprema de la inteligencia. Inteligencia y amor. Amor civil, amor dramática y apasionadamente humano. Su yo es otro, y el otro, el íntimo ante los reconocimientos de la semejanza es el cualquiera, el hombrecillo, la mujer, la ceniza de los poemas que siguen dando cuenta de la historia del cielo ante los tribunales del orbe. No otro gesto tiene el pan ante quien ha hecho necesidad de su hambre, la voz interpeladora de una conciencia que en voz tan alta, tan pura, alumbra en la incertidumbre y tan persuasivamente consuela en el pesar, en el dolor y en el irracionalizable sufrimiento. Tal vez el que consigo mismo habla y entre las permutaciones encantatorias del alefato hebreo encuentra la identidad colectiva de todos los pueblos, de todos los hostigados, de todos los que bajo el nombre de una misma estrella son la vida breve, la tan delicada como radical resistencia ante lo injusto, la lámpara, la voz sin boca que habla e ilumina a los errantes.

El círculo se abre, el inventario de los sueños no ha concluido, los que viven en el aire bajarán de las nubes a pisar esta tierra. Esto no es un prólogo, no necesita de ninguna máscara este diálogo después de Auschwitz. Isaac lo sabe, Isaac se sabe, usted lo sabe. Isaac es la imaginación del imperfecto dios y el "animal que habla". Ya no es posible entender más y la elección del máximo bien está hecha.

JUAN CARLOS MESTRE *
Madrid, 2017

---

* JUAN CARLOS MESTRE (Villafranca del Bierzo, 1957) es poeta y artista plástico. Ha publicado numerosos libros de poesía, entre ellos *Antífona del otoño en el valle del Bierzo* (1986, Premio Adonáis), *La poesía ha caído en desgracia* (1992, Premio Gil de Biedma), *La casa roja* (2009, Premio Nacional de Literatura) y *La bicicleta del panadero* (2012, Premio de la Crítica de Poesía). Expone habitualmente su obra gráfica. Las acuarelas que ilustran este libro son suyas.

ÍNDICE Y RAZÓN DE LAS ILUSTRACIONES

Integra la ilustración de este libro las seis primeras viñetas de la serie *Libro de los libros*, de Juan Carlos Mestre, compuesta por quince piezas en total y ejecutada a la acuarela sobre un cuaderno de papel artesanal de 14 x 9 cm en 2017. A continuación se indican las páginas en las que aparecen:

Número 1, p. 35.
Número 2, p. 105.
Número 3, p. 161.
Número 4, p. 213 y, parcialmente, cubiertas.
Número 5, p. 241.
Número 6, p. 309.

Libro de reclamaciones

Antología poética personal (1981-2016)

LIBRO DE LAS TRANSFORMACIONES

Juan Carlos MESTRE, *Libro de los libros*, 1 (2017).

*El Golem está suelto. Los costados
de la noche se reclinan en su risa,
otra vez cascabel, cristal, espejo,
universo en la punta de un ovillo,
imposible lugar de nacimiento
de todas las canciones. El vigía
grita "¡Tierra!" a cada ola. El reloj
sólo da horas señaladas. Todo suena.
En la cuenta del verdugo del eclipse
ya no hay rosas ni mareas mal sumadas.
Todo es obra de una letra dibujada
que quizá pudo matar pero dio vida.*

ELOY COHEN

LECCIÓN DE FILOSOFÍA

No se aprende filosofía, sólo se aprende a filosofar.

IMMANUEL KANT

La filosofía se instaló en los jardines de un monasterio
donde los monjes leían cuentos de hadas a los niños
Eran momentos de verdadera felicidad
porque la lectura iba acompañada de bofetadas
en sus tiernas mejillas

Aconteció entonces la primera iluminación:
si la filosofía pudiera hablar no podríamos entenderla
Así eran los juegos del lenguaje
y ya no sería posible alcanzar la esencia de las palabras

Entonces la filosofía se sentó en una butaca
y se dedicó a ver películas de cowboys
mientras comía popcorn y los indios caían como moscas

PACTO

> *Hace breves momentos lo encontré y sigue siendo ateo: no tiene Dios. Ciertamente nadie podría discutirle, pues todos aquí en el Cielo lo llamamos Dios.*
>
> WILLIAM GUILLÉN PADILLA

¿Qué Dios fue ese que generación tras generación
reiteró el pacto territorial
y parecía no saber de geografías?

Él prometió estar con ellos en la conquista del espacio
y ellos pronunciaron otra vez Su palabra
en el atrio del planeta más próximo.

Y en el año siguiente a la expulsión
se congregaron en el umbral de la tierra
a escuchar la lectura del libro de todas las cosas
cuando la palabra fue puesta por testimonio
ante ese Dios que se ocultaba al ojo humano.

Pero cuando Él asomó Su único ojo,
tantos y tales fueron los males y las penas
que ellos renegaron de Su eterna presencia.

Entonces Dios volvió a reiterarle al humano
la promesa de la tierra en la fosa.

DESIERTO

> *Sólo porque uno vaga en el desierto,
> no quiere decir que hay una tierra prometida.*
>
> PAUL AUSTER
>
> *Los choferes
> que durante años recorren el largo desierto
> tienen un recurso
> para abreviarlo: nombran
> sus tramos.*
>
> JOSÉ WATANABE

El humano caminó por el desierto con una cantimplora
[vacía.
Fue para encontrarse con viejos amigos y conocidos
por caminos que no conducían a ninguna parte.

El humano no dudó en arrojarse a la arena
para que se abriera el desierto
y pudieran pasar los otros.

Pero los humanos estaban desconcertados.
Pasaban gran parte del día sentados en las dunas
sin saber qué hacer porque todo el mundo conocido
había sido destruido por el fin de la historia.

Antes se le había prohibido al humano comer la sangre
[del humano
porque la sangre representaba el alma.

MAIL INTERPLANETARIO

*Una humanidad que ya no se asombra de nada nos vio
partir hacia el más allá: ¿quién podría entusiasmarse por
una conquista de aquel espacio que ya nada promete a
hombres hartos de progreso?*

José B. Adolph

La tierra se ve sacudida.
Todo tiembla.
De repente, la situación interplanetaria
pasa a ser la del humano,
la clásica situación existencial:
infierno y paraíso pasan
a ocupar el mismo espacio.
Mejor mudar a los humanos de planeta,
construirles casas, parques y colegios.
Todo lo humano es parcial y contingente
y el gasto saldrá a largo plazo más barato.

ODISEA DEL ESPACIO

*Estamos en el interior del sueño.
El menor detalle tiene sentido.*

PABLO MACERA

La quietud esculpía sobre la piedra
sus silencios de ceremonia y de números.
No existía el valor aparente,
la nada desunida por un hilo hechizado.
Cuerpos desnudos cerraban los altares del sacrificio,
el obediente ascenso.
Apartaban los ojos del comienzo del tiempo
por el hueco de un único camino malintencionado.

No era el tiempo para mutar
los espacios sólidos de las noches que quedaban
con la nuca al descubierto,
con la caída de los abismos.

Nadie confiaba en poder leer la tierra.
Pueblos de pequeñas caídas.
Un sintiempo donde los límites de la vida
y la sequedad de los aires
animaran el poco espacio de lo quieto.
Abandonar el hechizo del espacio
por el hueco del claro reconocimiento.
Arrancarle al dios astronauta
sabios de pie con sus libros oscuros.

Y más acá del agua,
más acá de la porosa eternidad,
se disipaban los tiempos y los espacios,
ese oscuro astro empequeñecido,
alejado de los telescopios,
esas mentes cabizbajas para leer el pasado.

LA SOMBRA DEL GUERRILLERO

Por las noches salgo con mi viejo perro
a buscar agua en una calabaza
Dirán ustedes que con este traje inflado
que me transporta flotando como un payaso
de piedra en piedra
parezco más bien un ser de otro mundo
y que esta escafandra me da la apariencia
de un buzo pirata
¡Hemos realizado un viaje de 100 años!
Refutarán que les hablo de cosas demasiado fantásticas
que soy un farsante
un bufón
Tienen derecho de pensar lo que mejor les parezca
¿No hemos vivido un sueño de 100 años?
Sin embargo yo también viví entre ustedes
¿No reconocen estos ojos de ser humano?
Claro, ustedes exigen datos más específicos
Bien, les diré que viví en eso que todavía llaman el mundo
                                                                            [moderno
Fue la época en que se alzaron las guerrillas en todo el
                                                                               [mundo
Yo me alisté con los guerrilleros en seguida
Nos fuimos a comenzar la lucha en las montañas
Luego bajamos como arañas sobre el enemigo
Volvimos a subir
Fue un subibaja que duró 10 años
hasta que fui hecho prisionero
Me pusieron en una mazmorra del demonio
Me mantuvieron 50 años a pan y agua
Lo que sigue pertenece a la historia

Lo que sigue es un sueño infernal
Esta es mi casa:
Los invito a entrar por el tragaluz
Permítanme que me quite la escafandra
Aquí vivo con paciencia de ermitaño
alimentándome de pastillas
Me han mantenido vivo a fuerza de transplantes
Mientras tanto han pasado infinidad de cosas
Presencié miles de bombardeos en todo el mundo
El ruido de las bombas nos llegaba hasta aquí
No sé si vale la pena continuar
Es posible que esté hablando con cadáveres
con fantasmas ambulantes
Desde aquí todos hemos visto la destrucción
Nos hemos vuelto locos de ver viajar por el espacio
millones de ataúdes a la deriva
cubiertos con banderas multicolores
adornados con flores artificiales
Ahora nada nos sorprende de lo que pueda traer el futuro
Por lo pronto acaricio con nostalgia mi vieja escopeta
En este año de gracia de 2099
a 20 años luz del planeta tierra

VIDA NUEVA

Me gustará vivir siempre, así fuese de barriga,
porque, como iba diciendo, y lo repito,
¡tanta vida y jamás!

CÉSAR VALLEJO

Los árboles darán sombra
y ricos y pobres serán iguales debajo de la tierra
Niños y adultos estarán conectados
a la red celestial del internet
y se encenderán cirios recordatorios
desde cualquier rincón del planeta
Nacionales como extranjeros
serán protegidos por una compañía de seguros:
El precio del pasaje estará incluido
y se asegurará el transporte del difunto
y de familiares y amigos que deseen acompañarlo
Se ofrecerán también servicios de mantenimiento y de
[jardinería.

FÁBULA

I

Es indudable que el Perú produce los mejores muertos…

JULIO ORTEGA

Sé que mi alma
querrá morir junto a mi cuerpo.

ELQUI BURGOS

En el país de los muertos
la vida es rey.
Lo saben los que viven
con la esperanza
del muerto.

II

Cada cultura tiene una cita con sus muertos.

WALTER BENJAMIN

En el país de los vivos
la muerte es rey.
Lo saben los que mueren
con la esperanza
del vivo.

ARTE PO/ÉTICA CON DIOS EN EL MEDIO

I

> *Arte Poética*
> *1% de inspiración*
> *2 de traspiración*
> *& el resto suerte*
>
> NICANOR PARRA

Detrás de todo hay una matemática,
diríase una turbulencia del tiempo
y de sus cifras.

Así como todo Dios es tanto palabra como razón,
toda poesía no es una sucesión de eventos.

Toda poesía hermana al humano
con la economía de las palabras.
Y todo Dios y todo humano cohabitan
en el mismo tiempo y en el mismo espacio,
donde todo es manejado por el todo poético.

Dioses, humanos, gatos, líquenes, algarrobos
son acumulaciones de genes poéticos.
Y todo parto poético es el big bang
entre todo espacio y todo Dios.
Entre toda nada y Su más íntima condición.

II

> *Hay golpes en la vida, tan fuertes... ¡Yo no sé!*
> *Golpes como del odio de Dios...*
>
> César Vallejo

Reducir a Dios a una sola letra de ningún alfabeto.
A ningún accidente gramatical.
Tampoco a ningún número
que sea potencia exacta de otro
o que sea exactamente divisible
por sí mismo y por la unidad.

Diseñar un Dios no regido por el azar,
ni por la creación a partir de la nada
ni de Su cuestionada existencia.

Un sistema autosuficiente debe suponer
un cerebro desde donde imaginar
una sola letra de ningún alfabeto,
un solo guarismo de ninguna numeración
un solo umbral donde asome Su ningún único rostro.

III

> Sea la muerte el tropo del que no sabemos
> absolutamente nada... el ejercicio diario
> de versificación pura que embrutece cada sílaba.
>
> Mario Montalbetti

Invocar a los dioses del cielo y de la tierra
a todos los rayos activos de luz
a todas las letras de derecha a izquierda
y de izquierda a derecha.

Fijar la vista en el centro de cada una
y seguirlas en sentido anverso
hasta el infinito salvo en el sueño
o en el presagio.

Desplazar la materia sin asustar al espíritu
ni volverlo inestable.

Invocar a las voces
sin nombrar la esencia de los dioses
y de las palabras.

Recordar que a quien vivió le será reclamada
la armonía infinita.

RETRATO EN SEPIA

Casi material, diríase urbano,
su imagen, iconoclasta
de verdadera razón
—como la logia oportunista del alma.

Vengan y resuman en una sola palabra
la idea de Dios:
como una estampa
artificial en su color y con mensaje
sin palabras, mas con verdadera
y sonora intención.

UN DÍA

> *Me desperté con una sensación de terror. Seguí tumbado, con el corazón latiendo de prisa, intentando descubrir qué me había asustado.*
>
> WILLIAM BURROUGHS

> *Hay quien cuenta historias para que los demás concilien el sueño. ¡Yo lo hago para despertarles!*
>
> RABÍ NAJMAN DE BRESLAU

Un día
Un hombre se despierta invadido
Por una abrumadora sensación de espanto
Se siente monstruo
Y devorado por dentro
Poco a poco
Da voces
Forcejea
Se maltrata a gritos
Alarga la mano
Toca su niñez
Gravita en el recuerdo
Se da vuelta
Se encuentra frente a frente
Llora
Harto de saberse
Siempre el mismo
De ser monstruo y hombre
Y ocupar tantos espacios

Se entrega al sueño
Se retira de su diente
De su uña
Habla
Adopta otro nombre
Confisca su pasado
Muda de piel
Piensa
Desiste del suicidio
Espanta al monstruo
Se apacigua
Duerme
Hasta que un día
Cuando menos lo imagina
Se despierta

TERRA IGNOTA

> *Súbitamente la inmensidad fue otra*
> *Diferente al ámbito primero*
> *Y los ojos eran otros y las manos eran otras*
> *Como si hubieran nacido así desde el inicio*
> *Transtornados los verbos y el sujeto.*
>
> MARITA TROIANO

Sembradores de aires,
no atravesaron el umbral de la tierra.
El triunfo los acercaba al cielo conocido
y la luminosa quietud de las naves
y hombres y mujeres soñaban
con las pequeñas manos
de un negro espacio.

Desdeñaban los signos
de calmos puntos terráqueos
donde las computadoras
y los satélites eran el conocimiento
arrojado a una vana ignorancia.

Las naves se hundían en el suave vacío,
y hombres y mujeres se decían a sí mismos:
la pérdida de la tierra nos impulsa más lejos,
más débiles que la carencia de todo,
sin armas de real humildad.

En los cerebros penetraba
el espacio de la sorpresa,

del pesimismo a la calma,
dentro de las naves eran dulces
los sueños de la travesía.
En las bóvedas del espacio hombres y mujeres
soñaban con el todo infinito.
Leían el azar colgado de las constelaciones
y en los cantos de sirena,
para que la cobardía de los humanos chocara
con la realidad del viaje.

En la superficie de los humanos anidaba el miedo
de pisar una tierra hollada por otros.
Admirar el ansia de lanzarse al viaje,
en carnes afeando las ramas del aire.
Sobre los fantasmales astros del firmamento,
como haces de sombras caía la luz
más lejana, borrando los horizontes.

Antes del viaje milenario a la tierra conocida
malos agüeros volaron por los aires,
ninguna oración se oyó en las naves,
la maldición callaba en el espacio.
Seres de tierra, faltos de magia,
la expansión no era su objetivo
sino la mordaza de una creencia
enseñada a tierra y agua.

Eran los hombres y mujeres que nunca zarparon,
los siempre llegados a tierra, los cuerdos.
De los hilos del favorable futuro estaban prisioneros.
De su despertar lineal,
la música de las esferas,
del germen de sus realidades,
sus números de breves planetas.

En los días que se distendían
y se recogían en su cautela,
el final del viaje reflejaba
los montes de los desiertos terrestres
y a la luz de los humanos se cerraban
los muros de la oscura galaxia.

LECCIÓN DE ARTE

El arte es la mentira que nos permite percatarnos de la verdad.

PABLO PICASSO

Bueno, arte es arte, ¿no?

GROUCHO MARX

Adinerado, el arte pintaba desde una vieja
y distinguida mansión campestre llena de imágenes
[fantasiosas.

Ángeles y demonios lo acechaban por todas partes,
pérdidas irrecuperables.
Afuera sucedió una guerra y luego otra.
Su anterior paleta de colores dejó paso a tonalidades
[oscuras
y efectos tenebrosos.

Otro día subió hasta el techo del gran salón para
[decorarlo.
Este trabajo estuvo impregnado de un humor y una
[fantasía
salidos de su subconsciente.
Sombras y luces hacían resaltar la dignidad solitaria de las
[cosas.

La infancia fue un río en el que le gustaba sumergirse

para enseñar su otra cara,
pesadillas que determinaron su definitiva consagración
[universal.

PERSONAJE

> *[Inspirado en el cuadro* Personaje *(1936)*
> *de Arshile Gorky]*

Impresionaba la precisión de sus gestos
y la plenitud con que vivía la vida.
Fue contenido, triste, irónico, capaz
de provocar en el observador una sonrisa inesperada.
Se quejaba de la urgencia del pintor por terminar el
[retrato
y cada vez era mayor la brecha
que separaba su vida con la de su creador.
Este repetía sus pasos, pero con variaciones.
Ciertas impresiones, detalles, frases se grababan
en su memoria para toda la vida.
Pasaban los años y de pronto revivían.

Una mañana el pintor retomó el cuadro
y fueron tantas las interrupciones en el trabajo
que el personaje se impacientó y escondió el teléfono.
Entonces quiso apartar al pintor de todo
lo que lo molestara en su trabajo.
Si lo veía desanimado, él cambiaba su modo de caminar,
le imprimía un timbre diferente a su voz,
no lo dejaba distraerse.
Se levantaba temprano, al amanecer.
No dejaba en el pintor espacio para visiones nebulosas,
hipérboles provocadas por el insomnio,
sensaciones febriles y confusión de sentimientos.
Lo que el pintor pintaba él lo volvía a pintar.

El propio pintor lo reconoció:
—Nadie como él para enriquecer
lo que pinto con nuevos detalles, para liberar al trazo
de todo adorno superfluo.

Un día los otros personajes del pintor se indignaron:
—Por favor hay que quitarle el lienzo. De lo contrario,
dejará en su obra sólo a sí mismo y nos expulsará a
[nosotros.
Otro día, pasado un tiempo, cansado de la falsedad e
[hipocresía
de los personajes que lo rodeaban,
pintando, sudando, viendo que los trazos que su pincel
infligía al cuadro no lograban mejorarlo, decidió borrarse.
Antes dijo al pintor:
—El fin ha llegado, y lo más difícil y complejo recién
[comienza.

ROSTROS

Desde hacía dos años yo vivía sin rostro.
No hay espejos en Buchenwald.

Emmanuel Levinas

Después de cierto número de años, nuestros rostros
se convierten en nuestras biografías.

Cynthia Ozick

Este es tu rostro
el rostro de tu rostro
el rostro de tu otro rostro

Tu nariz históricamente oblicua
es tu otro rostro
el otro rostro de tu rostro

Tu antebrazo tatuado en tu rostro
un número más uno más otro
es el otro rostro de tu otro rostro

La historia alargada de tu rostro
la aritmética de tu antebrazo
son el rostro borrado de tu rostro

EPITAFIO

Se nos ha muerto un hombre
Se llamaba Javier Camilo Ernesto
Se nos murió al salir del corazón
A todos los sordos de este mundo
Se nos murió bajo el conjuro de una celda
A todos se nos murió
En pleno fragor de la batalla
Se nos murió al mismo tiempo
En las cuatro esquinas del planeta
Fue que un día nació
Con nuestra hambre
Y cargó su bella enfermedad
Por las montañas
Fue que un día nació
Por la sencilla costumbre de nacer
Nació con su dulce cadáver en el pecho
Nació infernal y humano
Para mirarnos con un ojo en cada rostro
Este hombre se nos murió en el vientre
Nos arrancó el mundo de raíces
Para dejarnos un hondo hueco en torno

RESUCITAR UN MUERTO

Si tu primer antojo de hoy
ha sido hacer algo por la vida
entonces puedes cumplir con el acto cívico
de la semana:
Resucita un muerto
el primero que encuentres de pie en una esquina
un hombre que se te parezca
que sus ojos no sean diferentes de los tuyos
más que en la intención
con brazos que no pretendan otra cosa
que estrecharte con desinterés
que su cuerpo sea una réplica de tu cadáver
—siempre y cuando te hayas visto alguna vez
ante la muerte—

Resucita un hombre cansado de morirse
(no cometas el error de buscar un esqueleto fresco)
Si se te vuelve a morir
no es culpa tuya
déjalo en paz
con los muertos no se juega

Resucita un muerto:
un hombre
—es necesario poner mucho amor en la
maniobra—
es posible que ese hombre
(o ese muerto)
seas tú disfrazado de alguien que te observa

MESA

> *A partir de cierto punto en adelante no hay regreso.*
> *Es el punto que hay que alcanzar.*
>
> Franz Kafka

Podría sentarme a esta mesa como un extraño
y preguntarme qué estoy haciendo aquí,
pero ésa no es mi intención, para nada.
En parte, porque en otros tiempos fui más joven,
y en parte, porque he dejado de preguntarme las cosas.

Desde ese punto de vista, lo que me llama la atención
son inquietudes que evidentemente ahora no vienen al
[caso,
por ejemplo, la gran rueda de la historia
y su girar interminable, por un lado,
y la mortalidad del humano, por el otro.

A partir de esa situación que no elegimos,
me encuentro sentado a esta mesa
entre varias diferencias importantes que
todavía existen en nuestro siglo.

Los humanos no viven todos de igual manera
su pertenencia al tiempo.
Entonces permanecer o no permanecer en esta mesa
es una opción como cualquier otra,
una situación inusitada en el plano del deber estar
con el prójimo.
Fue lo primero que pensé cuando me senté a la mesa
pero ésa no fue mi intención, para nada.

MURO

> *Seré siempre el que esperó*
> *a que le abrieran la puerta, junto a un muro sin puerta.*
>
> Fernando Pessoa

Solo, el muro que separaba al humano del humano
no sabía cómo derrumbarse.
No sabía cómo.
No sabía.
No.

TRÁNSITO

*La noción de gravitar entre una frontera y la otra
requería de mí una narrativa que me reacomodara en el mundo.*

ROSE MARY SALUM

Se doblegaban en la realidad ajena.
Carecían de la ingravidez de las aves
para su finita limitación.

La paranoia era una andanada de picaduras.
Ignoraban de dónde venían.
Carecían de la máquina procreadora
guardada y negada.

Habían desaparecido las constantes de la procreación.
En campo abierto las sombras no trepaban.

Ignoraban de dónde venían.
Se habían despojado de la vestimenta de los vivos,
y pájaros habían brotado de las fosas.

No les bastaba los signos
que pensaron eran el azar de los muertos.
Habían escrito sobre letras ya escritas,
sobre la certidumbre
que arroja el asombro de la vida.
Necesitaban más luces y más sombras,
las que obedecían al ojo de la desconfianza.

LECCIÓN DE POESÍA

> *Aunque te mantenga en vela toda la noche,*
> *lava las paredes y friega el piso*
> *de tu escritorio antes de componer una sílaba.*
>
> BILLY COLLINS

La poesía sufrió la mayor devastación.
Fue expulsada de nación en nación.
¿Dónde estaba la justicia en esto?

Al examinar lo ocurrido,
La poesía llegó al corazón del asunto:
Podía ser que hubiese sido la víctima
por haberse dedicado a servir sus propios propósitos.

Cierto, tuvo una visión y una perspectiva del Universo,
pero permaneció oculta al humano.
Su perspectiva fue nada más
que una proyección de sí misma
y quedó bastante satisfecha de su conclusión:
no se encontraba a disposición de los humanos,
y no era sensible a sus términos,
estaba oculta y se revelaba sólo cuando lo deseaba.

La poesía era la poesía
y el humano era el humano
y ocurrió que ya casi nunca se encontraban
la una con el otro.
Esto puso al humano en su lugar,
Golpeó en la raíz de su error,
de su concepción de la realidad misma.

¿Pero por qué se dio en el humano esa aversión tan profunda?
El humano dijo que su mismísima presencia
lo había puesto en peligro
y tenía que hacerla perecer para no ser su amenaza.
Luego rehusó voltear a mirarla.

PLEGARIA

Soy ateo gracias a Dios.

Luis Buñuel

El Dios que existe
en todas sus imágenes
ha de servirnos de algo.
Porque Dios es la idea
de todos nosotros,
recemos juntos,
cada quien con su cada Dios.

RETRATO DEL HUMANO (I)

Lo vimos como una silueta trémula,
ajustándose los anteojos,
meditando y actuando.
Lo vimos prudente, cauteloso, tímido,
disimulador, con unos ojos que no desmentían la angustia
de aquellos antepasados suyos planetarios.

Se diría que pesaban sobre sus hombros
todas las preocupaciones de la especie humana,
las angustiosas dudas de la multitud acorralada en la
[Tierra.
Estaba lleno de pequeños recelos y de pequeñas osadías.
Era tímido y de ahí las audacias naturales de los tímidos:
Se lanzaba y se ocultaba,
se escondía y preparaba nuevas embestidas;
era una verdadera linterna sorda,
una linterna que ocultaba la llama sin apagarla.

Todo eso se revelaba en sus innumerables pseudónimos,
en los que tenía y en los que no se sabía que tenía
y en los que habría de tener.

Lo vimos incoordinado y difuso.
Lo vimos intentando hacer desaparecer
ese rostro humano que lo perseguía,
a ese modesto ser que acabaría asesinando.

Vimos al humano esperando un acontecimiento vinculado
con una historia real o imaginaria.
Y es que en él todo era confusión, desgarro,
[imposibilidad de ser.

Lo vimos pretendiendo encontrar el centro absoluto,
sin poder llegar a ser otra cosa que una nada rodeada de
[todo.
Lo vimos pretendiendo arrancarse los párpados,
abriéndolos y cerrándolos en el drama de la desaparición.

SENTIDO DE LA PROPIEDAD ABSOLUTA

*El error consistió
en creer que la tierra era nuestra
cuando la verdad de las cosas
es que nosotros somos de la tierra*

NICANOR PARRA

La tierra será de Dios
y Él deberá trabajarla
para que ricos y pobres
vivan de Su trabajo.

Las deudas terrenales del pobre
serán saldadas con una libra de su propia carne
pero acumulará nuevas deudas
con franca desventaja frente a su prójimo.

Ricos o pobres que deseen adquirir
una propiedad que pueda servir de reposo
para sus restos mortales o los de sus deudos,
firmarán un contrato en el que se asegurará
que nadie jamás despojará a Dios de la tierra.

LEY

> *No puedo imaginarme a un dios que premia y castiga
> a los objetos de su creación, un dios que no es más
> que el reflejo de la debilidad humana.*
>
> ALBERT EINSTEIN

Cuando la Ley fue entregada al humano,
su palabra repercutió de un lado
al otro del universo.
Los habitantes de la galaxia
se llenaron de pánico,
se reunieron sus gobernantes
y preguntaron:
—¿Qué es este tremendo ruido
que escuchamos? ¿Puede que se aproxime
una nueva explosión en el universo?
El Ser Supremo había prometido
no traer otra explosión al mundo.
Pero ellos volvieron a preguntar:
—¿Puede que caiga otra lluvia de fuego?
El Ser Supremo había prometido
no intentar destruir nunca más al humano.
Pero ellos preguntaron una vez más:
—Entonces, ¿qué significa
ese tremendo ruido que escuchamos?
El Ser Supremo había prometido
darles Su palabra porque el humano
había perdido el equilibrio entre
los cielos y la tierra

y el impulso físico había
sobrepasado el espíritu.
Entonces la Ley ordenó
que la vida del humano se volviese más corta.

TIERRA PROMETIDA

> De cada trozo de tierra o de mar
> han usurpado algo y así me formaron,
> condenándome a la eterna búsqueda de un lugar de origen.
>
> Alejandra Pizarnik

El vacío del día de los humanos que parten,
el vacío del tiempo de los humanos que llegan,
el presente graba.
Amor para el amigo amigo,
para el amigo enemigo,
los gritos del presente y los del pasado,
todo se une y todo se entrevera.
Los libertos de la espada frente a la risa del gato,
las despedidas del fuego,
los libertos al encubierto en medio del bosque,
la luz del día o de la muerte,
en los oídos del cordero.
Cobardes conocidos de guerras audaces,
todo lo transportan,
seres que en silencio parten
hacia sus otros ellos,
cosida la soga de tierra y agua,
el presente graba.

En el deseo de transmutar el futuro,
en los planetas vacíos,
en las presencias amargas,
una larga cadena nos dejó caer.
Faltó la paz en cuevas y cabañas.

Abundó la guerra.
Sin uno o dos números o además del cero
ignoraron el futuro en su construcción.

Operadores de almas en la tierra.
De seres que libraban batallas y guardaban la libertad
y morían blasfemando y maldiciendo,
las manos abiertas, abiertas las almas,
de seres que mostraban las bocas abiertas,
nos sonaba desalentador su bullicio.
La memoria perdía sus espacios de dolor,
incubamos el deseo de despertar
y hablamos colectivamente en el sueño.
No guardamos el aire prendido,
hemos aceptado destruir el futuro,
su espíritu y su respiración.
Hemos aceptado el cuerpo de los que despiertan.
El futuro se inquieta
en el estancamiento de muchas horas.

Cabezas erguidas para la lectura de la vida,
esa luna apagada,
derrochar el futuro,
más lejos de la húmeda tierra,
y más lejos del fuego.
Jóvenes de rodillas con sus rostros iluminados,
ponían al dios,
desde la sombría ignorancia,
donde faltara la expansión fresca del agua,
y una ausencia de grandes ascensos,
negaba interpretar el caos del porvenir.
Con la levedad del aire,
esos espacios huecos de los días
que partían con la frente encubierta,
eran las noches para descartar.

Hombres se destapaban los oídos para escuchar
el final del largo tiempo,
el audaz descenso,
pálidos y arropados se inmovilizaban en los palacios.
Y nada unido por una cadena ancestral.
Sus lejanos aullidos de movilidad,
el frío propiciaba sobre la piedra.

Y a la oscuridad se abrían los huecos de la ciudad,
se alargaba y se erguía el valor,
tras pocos días de un mundo desconocido
como blanca maldición se alzó el humano con vida.
En el fondo de la tierra se aceptaba la bendición
de sentarse bajo fuegos apacibles nunca apagados.
Y aquí faltaban las plantas, nunca distintas,
como piedras embelleciendo los troncos fuera de la tierra.
Hombres y mujeres incubaban el deseo de despertar
y reían en público.
Sí había seres que hicieran la guerra
y conservaran la libertad,
seres que devolvieran los espacios del dolor,
pero no seres que entregaran la sombras prendidas,
los constructores de metas fijas.
Con la levedad del aire,
el pasado todo lo graba.

LECCIÓN DE KÁBALA

La Kábala es la ciencia que se acerca más al hombre. Le explica por qué está vivo, por qué nació, de dónde vino, hacia dónde se dirige.

GRUPO DE CABALISTAS DE BNEI BARUJ

Considerada como un campo peligroso,
como la sabiduría oculta, la kábala pretendió revelar
el secreto del Ser Supremo y del mundo.
Un día se despojó de su capucha y desde la entrada
de un túnel, anunció en un susurro:
—El Ser Supremo sólo puede reconocerse
en el espejo de la creación.

Desde entonces vivió con miedo de los falsos mesías
que querían abusar de ella y contra aquellos que
                                          [sostenían
que sólo hablaba de motivos sexuales e ideas
revolucionarias y que representaba los instintos
idólatras del humano.
Esto hizo que aumentara el interés por la mística
y la kábala volvió a florecer en toda la galaxia.
Incluso, los estudios de kábala conquistaron al mundo
del cine y el espectáculo.
Una cantante de fama interplanetaria,
propensa a desnudarse sobre el escenario,
se convirtió en una kabalista distinguida:
cambió su nombre a Ruth y de ahí en adelante participó
en todos los Congresos Galácticos de la Kábala.
Pero ella no fue la única y la lista de estrellas

que estudiaban kábala e incluso utilizaban el hilo rojo en
[la mano,
que identificaba a los kabalistas,
se fue alargando hasta pasar a otras galaxias.

OFICIOS DEL PROFETA

Nada excepcional distinguiría mi vida sino fuera
que mi muerte ocurre un 2 de enero de 1944 en Dachau
El resto lo componen atributos propios de una
tradición milenaria: ciego
(habituado a cierta actitud de vigilancia)
no exento de ánimo desfalleciente
ni de justificaciones ingeridas
en dosis mesuradas
Instigado a vivir por gracia del Comandante
oficié de bufón cortesano
amén de sumiso doncel
entre el séquito de Generales
(papel que asumí por designio del Gran Ausente)
Fui su testigo: Improvisé una imagen bifronte de juez y
                                                    [víctima
De este modo puede resumirse mi historia
salvo algunos incidentes relativamente apócrifos
no sé si fruto de la vejez o los sueños
Curador del cementerio de víctimas los hombres
sin futuro buscan reposo en mi casa
donde es mi oficio taponar puertas
y ventanas huecas

APARICIONES

> *La frontera que divide y excluye, la que hiere*
> *y deja marcas en el cuerpo y en la lengua.*
> *¿Cómo son las heridas de una frontera-cicatriz?*
> *¿Cómo son las marcas? ¿Son marcas visibles o invisibles?*
>
> GISELA HEFFES

Allá desaparecía el desierto dibujado
una y otra vez en el sueño del humano.
Borrados en la arena se hundían los fantasmas
de lo blanco, cadenas arrastrando sin fuerza
a los astros, un cielo muerto.

Pirámides en construcción, edificios de tierra,
ciudades ocultas en el espacio.
Días líquidos, la muerte vacía acechaba.
Ramas de carne, músculos de flexibilidad paciente,
sobrevivientes pies encima de las rocas.

El humano agachaba la cabeza,
presenciaba la pequeñez del todo
y saltaban los astros en el firmamento negro.

El aire disparaba sombras, cerrado por el silencio.

Excavaba con ahínco la muerte
la oscuridad de la tierra esclava,
el largo sonido de las piedras,
la sombra, el pensar de las viejas esferas.

Sólo el desierto daba acceso.
En el cielo turbio el humano buscaba su mirada.

LECCIÓN DE TERROR

> *Entonces despierto y empiezo a mirar la tele y veo que allí
> todo está a punto de convertirse en un rectángulo de
> catástrofes condensadas, cuatro mil funerales simultáneos
> sin cuerpo presente y con féretro ausente: la batalla por el
> paraíso ha terminado y la batalla por el infierno está
> comenzando.*
>
> César Gutiérrez

Un día el terror convocó a la civilización
y quitándose la careta se puso al descubierto
y ya nunca más dejó de estar presente
en la vida cotidiana. Ejerció el poder a partir
del derecho que le proporcionaba la ideología.
Supo que era necesario mantener al humano
en la situación de ceder su poder
por el orden divino de las cosas:
Se apoyó en la religión y en el miedo
a la libertad por parte del humano.
Fue así cómo el terror le proporcionó una seguridad
que no se vio capaz de lograr por sí mismo.
Al poco tiempo, el terror vio que la historia era siempre
pendular y dinámica. Otro día surgió una revolución.
En forma explosiva, el humano aunó su poder colectivo
y provocó una profunda remezón en el cuerpo social.
Pero el poder ejercido por el humano fue de corto
                                                       [alcance
porque el terror se vio obligado a desnudarse
para automantenerse. Entonces explicó, por escrito,
cuáles serían las estrategias y las tácticas
para hacerse otra vez del poder y para siempre.

MAIL DE DIOS A LOS PUEBLOS ELEGIDOS

> *Todos somos ateos respecto a la mayoría de dioses en los que la humanidad ha creído alguna vez. Algunos de nosotros simplemente vamos un dios más allá.*
>
> RICHARD DAWKINS

El primer fundamento de la fe es el Nombre,
el primero de las demás existencias.
Ser que no crea ello
habrá perdido su vértebra principal.
Establézcase con firmeza en el corazón
que esta verdad no es intercambiable
con ninguna otra verdad.
y ni siquiera ante la muerte
admitirá sustituto alguno.
Cumplid con la palabra.
Convertidla en práctica.
Todo esto fortalece la fe del corazón
en la indiferencia del Nombre.

EL VIEJO

Una noche convocó a la muerte
y se le apareció su esposa desdentada
El viejo se encogió de hombros:
la mujer salió volando en una escoba
Apenas despierto a nivel de los recuerdos
parece que el viejo dispersara su desnudez por los pasillos
A sus espaldas cae un rumor de bacinicas
Oye a lo lejos un golpe de campanas
El viejo se busca el equipaje:
parece que hubiera perdido la memoria
Entonces busca refugio en una sinagoga
saca gastadas vestiduras de un armario
camina entre biblias y altos candelabros
Al salir un mutilado se pone de pie para cerrarle el paso

LAS DIEZ PALABRAS

A veces, los versos repetidos generan música; y gran parte de la musicalidad judía surgió de la resonancia de palabras repetidas.

Amos Oz / Fania Oz-Salzberger

Nunca volveré a hablar con Dios.

Sylvia Plath

Toda mi obra la he compuesto con los pensamientos de
 [los humanos, dijo Dios.
Alguien pensó, como en un canto, las diez palabras.
El pensamiento se le quebraba, no la voz.
Cántico hermoso y solemne de la no importancia.
De la no importancia de Dios, dijo el humano.
En la mente del humano rugía el fin del mundo, sin
 [respiración.
Y esto sucedió ante una montaña como podría haber
 [sucedido ante un prado
o un río de diez siglos.
La historia que les he dado es injusta, dijo Dios.
Más injusta de lo que crees, dijo el humano.
Las diez palabras cayeron como un rayo, sin comentarios.
Se citarían después las excepciones,
pero la palabra mandaría expresarse sin ninguna
 [excepción.

DESAPARICIONES

> *Yo soy el corequenque ciego*
> *que mira por la lente de una llaga,*
> *y que atado está al Globo,*
> *como a un huaco estupendo que girara.*
>
> César Vallejo

El humano penetró en la velocidad de la luz
y sus manos se aferraron otra vez
a los instrumentos del viaje.
El planeta no prometido, los negros espacios
del invierno sideral, lloraban en pie de guerra,
la desconfianza hacía olvidar
el venidero fuego de la batalla.

El humano ignoraba los bienes
de la tierra olvidada, ahora estrecha,
los meridianos quebrados y su mansa aridez,
desprovista de lo conocido.

El día se alejaba de él con sus sucias sombras.

No sintió la apertura en el centro espacial,
no perdió el aliento ante la magnitud del misterio.
El humano amaba la vida entre graves jadeos
y dulces maldiciones de lo por venir.

Cruzó los desiertos prometidos, los bosques oscuros.
Las lluvias de fuego golpeaban su féretro
alumbrando el silencio,

endureciendo el espíritu como una señal.
El espacio era la boca del lobo,
y los dioses del humano callaban sus lenguas.

Delante de las llanuras, detrás de los bosques,
las ruinas exhuberantes,
el aire y los golpes del lejano templo,
las escamas del pez, la piedra apagada,
el altar del sacrificio supremo.

El humano ignoraba a dónde iba y por qué.
Ignoraba las formas de los escondites
y el arte de las travesías sin fin.
El pasado lo hundía.

El humano iba envuelto en la luz.
Con el día y su falta de fe
se alzaron los astros sobre él.

LEY DEL RETORNO

Fue propuesta la creación
de una ruta de la lengua
para recuperar el camino
que recorrieron los expulsados

FILM

Un grupo de gente
se congrega en plena calle
en torno a un muerto.
Perplejos se miran a la cara.

Alguien saca una libreta
y les toma el nombre
a todos los presentes.
Luego se dispersan
sin proferir palabra.

A los pocos minutos
se le acerca un sastre
y le toma la medida
de las mangas

En el rostro del muerto
puede verse una sonrisa.

Viene un cura
y sin pedir permiso
lo confiesa.
Pasa un borracho y le vomita encima.
Una señora corpulenta
se le sienta en las rodillas.

En el rostro del muerto
aparece una señal de espanto.

Pistola en mano
un guardia se le acerca
con cautela.

Una viuda le pide noticias
de su esposo.
Un perro le muerde las orejas.

Un abogado le aconseja
que no confiese nada.
Un médico le toma el pulso
y le inyecta una ampolleta.
A un paso se detiene una pareja
para darse un beso.

En el rostro del muerto
se advierte un gesto de sorpresa.

Al poco rato llega una ambulancia
Y en el acto lo declaran vivo.

TESTAMENTO

*Decidió que con su propia mano inscribiría
en su cuerpo otras señas de identidad.*

MARGO GLANTZ

Una vez apareció una arruga en mi frente
y yo no hice ningún comentario,
tuve sólo el pensamiento.
No hubo nada más, excepto eso.
La vida siguió su curso,
el pensamiento dolía y me lo quise extirpar.
Pero qué difícil fue. Peor que cambiarse de corazón.
Si se trata de vivir bien, en buena vecindad, sin ladrones y
[sin mendigos,
mejor el corazón de Jesús a todas las leyes habidas y por
[haber, me dije.
Todavía no estoy muerto, pero quisiera reposar en el
[hueco más hondo,
con todos los que nada tienen que ver conmigo.
Comprobar si de verdad se puede amar al desconocido.
No se escuchó ninguna réplica de nadie cuando dije eso.

RETRATO DEL HUMANO (II)

El humano nunca llegó a compenetrarse con sus alegrías,
ni tampoco con sus desventuras.
Jamás logró considerarse a sí mismo en serio,
y tampoco tomó en serio al otro.
Era cómodo interiormente ser humano.

El humano no creyó que hubiese
nada verdadero e inmutable, santo e invulnerable.
Fue frívolo y se burló de todo;
no creyó ni siquiera en la ciencia
y, sin embargo, no fue un escéptico,
pues tampoco estuvo convencido de su escepticismo.

El humano jamás fue un exaltado,
pero tampoco fue completamente sobrio;
no fue entusiasta pero tampoco fue frío;
le faltó no sólo la embriaguez material
sino también la espiritual,
y fue incapaz de caer en el éxtasis.

En consecuencia, no fue tan sereno
que supiera encontrar las argumentaciones razonadas.
Su parquedad lindó con la flaqueza,
su abundancia con la hinchazón.
Cuando intentó elevarse presa
de los más sublimes sentimientos
jamás fue más allá de lo patético,
y cuando pugnó por moverse dentro
de las más estrechas trabas del pensamiento
hizo sonar ruidosamente sus cadenas.

Y a pesar de no sentir la atracción
de abrazar al mundo entero
jamás dejó de ser ambicioso frente a sí mismo.

LAS PALABRAS MAYÚSCULAS

> *La continuidad judía estuvo siempre pavimentada con palabras.*
>
> AMOS OZ / FANIA OZ-SALZBERGER

> *¿Qué te parece valdrá*
> *la pena matar a dios*
> *a ver si se arregla el mundo?*
> *—claro que vale la pena*
>
> NICANOR PARRA

Quien no se fía de Dios
es digno de la Tierra.
Yo no pienso en los hombres que murieron
cuando veo ruinas,
dijo el Ser en ruinas.
el Ser anterior a la Nada anterior al Ser.
el Ser absoluto anterior a Dios, el Principio.

En el Principio Dios creó los Cielos y la Tierra, dijo Dios.
En el Principio Dios creó al Hombre, dijo Dios.
En el Principio el Hombre era la Tierra, dijo Dios.
Era la Tierra solo, solo de Dios, dijo el Hombre.

Dios creó los Cielos y la Tierra en Soledad.
en Soledad Dios creó al Hombre.
En Soledad el Hombre era la Tierra.
Era el Hombre solo, solo de Nada, dijo la Soledad.

ÉXODO

> *El viaje dispara los relatos porque otorga el motivo ideal para el desvío de la experiencia: hay alguien que va hacia algún lugar que no le pertenece, hay alguien que viene de un lugar distinto.*
>
> SERGIO CHEJFEC

Ignoraban por qué partían.
Con la certeza de lo desconocido
se alzaban los humanos en su descreencia.
Con el primer silencio de la noche
abandonaban sus huellas terrestres.
El sueño de los desiertos se negaba a aparecer.

Ellos eran los nuevos colonos,
el pasado los humillaba con su conocida canción.
El arte de la piedra
y los métodos de enterramiento
les eran secretos.

Ignoraban por qué partían.
El hierro callado, la arena apagada,
El aire y la caricia del ombligo lejano,
los calmos planetas,
flotaban en la galaxia frente a lo negro.

Con palabras visibles
hablaban los humanos con sus nuevos dioses
mientras el firmamento quería arder.

Con la carencia de la tierra,
los humanos atravesaban los corredores de aire
amando la muerte con dulces gemidos.
El día flagelaba sus espaldas
con su sucia luminosidad.
El firmamento se mostraba desprovisto
de reales distancias.

Ignoraban por qué partían.
Pero el lugar de llegada les había sido prometido
con absoluta certeza, con todos los males posibles.

LA ÚLTIMA CENA

> ¿Un pedazo de pan, tampoco habrá para mí?
> Ya no más he de ser lo que siempre he de ser,
> pero dadme una piedra en que sentarme,
> pero dadme, por favor, un pedazo de pan en que
> [sentarme...
>
> César Vallejo

Señor,
un plato de sopa para la resurrección de la carne.
El mozo parece el hambre,
el hambre parece Dios.
Quien parece Nadie.

Rechina el diente en la punta del tenedor.
Hoy probó la boca el hambre de Nadie.

Señor,
un plato de muerte
lo quiere la boca.
Debajo de la mesa ya cavan la fosa.
Llora el cuchillo
en la punta de la carne.
Se ahoga la cuchara en la sopa.

Señor,
un plato de sopa para la resurrección del hombre.
Sálvalo, cuchara.
Recógelo, tenedor.
Hoy la lengua probó el sabor de Nadie.

Llueve. Llueve hambre en el plato de sopa.
De la mano del cuchillo, hoy llegó el hambre
a comer con Dios.
Desde las barrigas llegaban los gritos
de los guardianes del hambre.

Dios pensaba, pensaba en su hambre.
Se sintió el exiliado en el mundo de los hombres.
Oyó que alguien sembraba semillas en los surcos del
                                                          [hambre.

Los esclavos del hambre copulaban en su sopa
fecundando más hambre.
Los pies descalzos de Dios danzaban
para que lloviera más sopa
y el hambre y la muerte yacían desnudos sobre la mesa
atrapándose las eyaculaciones con las bocas.

Dios era la virgen herética de todas las hambres.
Llevaba un collar con los dientes de Nadie
y su corazón era la ceniza del hombre.
Dios entró a la casa del hombre con hambre.
Entonces se asomó a su mirada.
A sus ojos de tenedor,
al color de su sopa.
Dios comía con el hambre.
Su cuchillo era la muela del hombre.
Su cuchara la espalda,
su plato la fosa.

Enredada en la cuchara de Dios se acababa la sopa.
El hambre entraba a saco en la barriga del hombre.
En los vientres encinta.
¡Cuántas lenguas sin boca! ¡Cuántas bocas sin sopa!

Dios tiró su plato con los huesos del hombre.
Se quemó la lengua con el hambre del hombre.
Dios vio diablos en la mesa.
Vio diablos devorando al hijo del hombre.
Nadie les dé posada. Nadie.
Nadie les guarde vino en la copa. Nadie.
Ningún buen hombre. Nadie.
Ninguna buena esposa.
Ninguna buena madre.

Dios vio a los sembradores del hambre
cayendo en su plato de sopa trozados por la cintura
en dos trozos de carne.
Vio salir de los huesos del hombre
el tenedor del ángel del fuego
hurgando en la sopa de los dioses del hambre.

Libro de las raíces

Juan Carlos MESTRE, *Libro de los libros*, 2 (2017).

...y ese país en que están todas las clases de hombres y naturalezas yo lo dejo mientras hierve con las fuerzas de tantas sustancias diferentes que se revuelven para transformarse al cabo de una lucha sangrienta de siglos que ha empezado a romper, de veras, los hierros y tinieblas con que los tenían separados, sofrenándose. Despidan en mí a un tiempo del Perú cuyas raíces estarán siempre chupando jugo de la tierra para alimentar a los que viven en nuestra patria, en la que cualquier hombre no engrilletado y embrutecido por el egoísmo pueda vivir, feliz, todas las patrias.

JOSÉ MARÍA ARGUEDAS

No se puede definir lo que es el judaísmo. Se puede definir sólo el pasado, es decir, lo que está muerto ya. El judaísmo es un fenómeno vivo en proceso de constante renovación. Tiene mucho más para revelar en el futuro de lo que ha revelado ya en el pasado. Es un judaísmo utópico porque, basándose en todo el pasado histórico del pueblo judío y en toda su creatividad, se orienta hacia un futuro que hay que seguir descubriendo. Sólo así podrá el judaísmo seguir siendo vivo y dinámico. Cada generación tiene que redefinir cuál es su judaísmo y cada individuo dentro de cada generación debe también redefinir, para sí, cuál es su judaísmo.

GUERSHOM SHOLEM

—No vive ya nadie en la casa —me dices—; todos se han ido. La sala, el dormitorio, el patio, yacen despoblados. Nadie ya queda, pues que todos han partido. Y yo te digo: cuando alguien se va, alguien queda. El punto por donde pasó un hombre, ya no está solo. Únicamente está solo, de soledad humana, el lugar por donde ningún hombre ha pasado.

CÉSAR VALLEJO

ORACIÓN FÚNEBRE

> *el desierto ahuyenta este campo sagrado*
> *de insinuaciones burdas [...]*
> *el desierto trae esa capa de infinito [...]*
> *la sangre volviéndose arena, dunas y dunas, las palabras.*
>
> JULIA WONG KCOMT
>
> *La palabra [ofrece] la libertad de estar en los dos lados*
> *de la frontera al mismo tiempo.*
>
> EDUARDO GONZÁLEZ VIAÑA

En la luz indecisa del alba o del atardecer,
tus ojos me miran atravesando
las paredes de plástico de tu sarcófago.
"SIPÁN-PERÚ", reza sobre tu tumba a manera de epitafio.[1]

Tu máscara parece reírse de mí.
¿O me estará diciendo algo?

Escucho.
Tú eres mi intermediario, el nudo entre el cielo y la tierra.

Me miras y tu mirada nos transporta al desierto.
Estamos en el reino de la abstracción.

---

[1] SIPÁN: sitio arqueológico de la cultura Moche situado en la zona norte del Perú, cerca de Chepén y Chiclayo, y famoso porque allí se encuentra la tumba del Señor de Sipán. (Las aclaraciones al pie son del autor).

En el dominio del Sol.
Un Sol que se parece a tu máscara.

Del reino de mi niñez surge una presencia:
mi abuelo. Mi abuelo el huaquero viejo que viene
de sacar huacos del mundo de arriba, del mundo de
                                                [abajo.[1]

Escucha, me está llamando.
Me acerco a él pisando descalzo pedazos de huacos.
"Chepén", dice él, "madre de arena, Che-pén".
El espacio se expande.
Doy vueltas y vueltas en el vientre materno.
"Che-pén", "Che-pén", susurra el desierto.[2]

El desierto es mi exilio y mi casa.
Una madre que es tiempo, fragmentos de hilos y huesos,
encuentro, identidad, ritmo.
Por ahí andamos todavía los dos entre las altas dunas.

El viento pasa uniendo pasado y presente.
Mire todo lo que fue suyo, noble Señor:
cementerios, templos, fortificaciones, palacios.
¿En cuál habitó usted?
"Vengo de antes y nunca, vengo de siempre y ahora",
pareces decirme tú.
Te ríes de mí, lo sé.

---

[1] HUACA: sepultura de los antiguos indios de Bolivia, Ecuador y Perú. HUACO: objeto precolombino de cerámica, hallado en una huaca. HUAQUERO: el que busca huacas, principalmente para saquearlas.

[2] CHEPÉN: lugar de nacimiento de Isaac Goldemberg. Pertenece al departamento de La Libertad, Perú.

Está escrito que el desierto es texto, tejido de arena.
Tejido de voces, tejido de cuerpos, tejido de lenguas.
El desierto es texto y paisaje.
Arrastra sabiduría, cuenta historias.
Es laberinto y lugar de purificación: la escritura.

Ahora el crepúsculo baña tu máscara
y las arenas de la escritura comienzan de nuevo a
                                              [animarse.
El espacio se expande, el tiempo salta de una cosa a otra,
del desierto de Chepén al desierto de la Judea bíblica.
¿De cuál de las doce tribus desciendes tú?
Observo tu máscara y soy la metamorfosis de mí mismo.

El brillo de tus ojos estalla en imágenes
que había creído perdidas para siempre.
En el espacio del desierto veo otro espacio.
En el tiempo del desierto veo otro tiempo:
Por la ventana veo las aguas inmóviles del río Hudson
mientras tú duermes detrás de tu máscara.
El desierto es como tu máscara,
una crisálida que prepara su última metamorfosis.

Ahora que no se sabe si el sol despunta o se oculta,
el río adquiere la unidad de lo visible y lo invisible,
lo real y lo mágico, los ritmos de la reciprocidad.

Tú reposas a mi lado observándome
con tus ojos encendidos de verde.
Oigo tu respiración, la respiración del desierto.
Y otra vez el tiempo brinca de una cosa a otra,
de un espacio a otro,
de un rostro a otro: combinación de signos
que descifro a diario al atardecer o al alba.

Miro tu rostro hundido en la media luz,
y para serme fiel me pongo tu máscara.

CRÓNICAS

> Siempre en tu pensamiento ten a Ítaca.
> Llegar hasta allí es tu destino.
> Pero no apures tu viaje en absoluto.
>
> KONSTANTINOS KAVAFIS

> ¿Dónde está el peso mayor del estar allí, en el estar o en el allí? En el allí —que sería preferible llamar un aquí— ¿debo buscar primeramente mi ser?
>
> GASTON BACHELARD

I

Entonces empecé mi viaje por la historia
y recuerdo que los héroes —me refiero a aquellos
que pensaron en la vida a la hora de la muerte—
sacaban a relucir sus uñas de fantasma

Sucedía que después de todo
era imposible olvidarse de los siete poemas de
Mariátegui[1]
sucedía que aunque decapitado
guardaba aún en el bolsillo

---

[1] JOSÉ CARLOS MARIÁTEGUI (1894-1930): escritor e ideólogo peruano. Fundador de la revista *Amauta* y autor de *Siete ensayos de interpretación de la realidad peruana*.

(el izquierdo)
dos centavos de patriotismo

Entonces emprendí el camino que no empezaba
ni terminaba en Jerusalén o el Cusco[1]
descubrí finalmente que Confucio Jesucristo Carlos Marx
se confabulaban para hacer una edición nueva de la Biblia
y que en definitiva el ombligo del mundo
le pertenecía a una mujer estéril

Salomón mandaba cercenar al hijo de mi conciencia
y entregaba la cabeza a la madre occidental
y un culo con dos piernas a la madre oriental
Fue así como le empezó a crecer a nuestra cultura
una mentira del tamaño de una nariz

Una voz sedienta moribunda me revelaba
que la civilización partió del crimen cometido por el
                                                        [dios-caín
qué más daba que Wiracocha hubiese nacido en el
                                                       [pesebre de Belén[2]
o que Jesucristo fuese hijo del lago Titicaca[3]
No necesitábamos exámenes de espermatozoides
sino exámenes de conciencia

---

[1] CUSCO: fundada en el siglo XI por Manko Cápac, era la capital del imperio incaico o Tawantinsuyo. Su nombre significa "ombligo".

[2] WIRACOCHA: divinidad suprema de los incas; padre de todos los vivientes.

[3] TITICACA: lago situado en la altiplanicie andina de Perú y Bolivia. De allí salieron, según la mitología incaica, Manko Cápac y Mama Ocllo.

A fin de cuentas yo hijo del acto de Abraham con Mama
[Ocllo[1]
hermano paterno de David el Pachacútec hebreo[2]
hilaba mis raíces en la judaica Castilla del Tawantinsuyo[3]

No es necesario decir nada poetas
hoy día la palabra ha dejado de ser el arma del profeta
y la razón en esta época distanciada como nunca
del misterio que nos teje el universo
sólo se refleja en la mudez de nuestros muertos

Es necesario sí emprender la búsqueda de los seudónimos
comprender que da lo mismo llamarse león caballo o gato
que los nombres de los héroes huelen ya a pergamino
De ahí resulta que es mejor oveja a Abraham
carnero a Jesucristo
o llama a Manko[4]

---

[1] MAMA OCLLO: según la mitología incaica, hija del sol; hermana y esposa de Manko Cápac. Fundadora, conjuntamente con éste, del imperio de los incas.

[2] PACHACÚTEC: inca del antiguo Perú; principal constructor del imperio. Reedificó el Templo del Sol.

[3] TAWANTINSUYO: nombre dado al imperio incaico, que se dividía en cuatro grandes regiones (Antisuyo, Collasuyo, Contisuyo y Chinchasuyo) y cuya capital era el Cusco. Se extendía desde el reino de Quito (Ecuador) hasta la actual Santiago de Chile.

[4] MANKO CÁPAC: fundador, según la leyenda, del imperio incaico, de la ciudad del Cusco y de la dinastía de los Incas.

II

Yo conocí a mi padre sólo de retrato:
Un polizonte de maleta negra
(casi ahorcado en la bufanda)
que saludaba con un ligero temblor
de su gorrita proletaria
Me dijeron que no se parecía en nada
a los demás cristianos
Me contaron que trabajaba en su tienda
de la noche a la mañana
Me dijeron que conoció a una mujer
en uno de esos pueblos olvidados
que se quedó a pasar la noche en el hotel
y se durmió abrazado religiosamente a su maleta
Me contaron que lo buscaron día tras día
por el pueblo:
Lo fueron a buscar al cementerio
Mi madre se encerró en su cuarto una semana
La abuela se santiguó como si hubiera visto
al diablo
El abuelo se cruzó de brazos

III

Érase una familia que escondía la cara en día domingo
una familia de mujeres robustas y hombre flacos
un padre piadosamente huraño con manos de
albañil enfurecido
Jamás faltó comida en la mesa: mantel bordado
y candelabro

Y podía ocurrir que a toque de cuerno celebraran
una que otra fiesta:
Aparecía Mamá en máscara
Abuelo con su libro de rezo bajo el brazo
Tíos y Tías escarbando entre los platos
(la Abuela nos tiraba migas de pan en la cabeza)
Esta familia se fue muriendo a plazos

IV

El abuelo como alma en pena por la casa
disimulando el hastío de sus huesos
El abuelo noche en vela
armando casas de cartón
para las generaciones venideras
El abuelo que no puede dormirse sin que
le sostengan la cabeza
El abuelo sobresaltado por el aullido
de los perros
delirando hacia el lecho de la abuela
El abuelo mercachifle haciendo su maleta
limpiándole el polvo a su sombrero
cosiéndose un botón de la bragueta
El abuelo que llora con las manos en la boca
que habla en español de la Edad Media
El abuelo con sus maromas de payaso
desternillado de la risa
porque la muerte se le ha metido por los ojos

V

Aquí me preguntan por ti de vez en cuando
me despiertan a medianoche
y recuerdo que aún vives en el Perú
Eso les digo con el temor de que quizás
te hayas muerto
un día que yo me iba acercando
a tu historia de sola mujer
rodeada de largas noches de haber existido
y haberme procreado
quién sabe en qué momento de pasión y silencio
sin otra promesa que la de juntar
dos sangres perpetuadas
en el tiempo que me llevó nacer
Por eso un día me entrará la imagen
de tu muerte en una sola palabra
para descubrir que el cuerpo vence distancias
mas allá de toda la fantasía que me embarga
cuando trato de situarte en un lugar
magníficamente detenido
intacta niñez
año tras año
y seguiré pensando
que tú sigues viviendo
detrás de todos los fantasmas
que aún habitan la casa

VI

El abuelo se murió a las seis de la mañana,
sentado en una silla,

de cara a un amarillento retrato de familia.
A las diez empezaron a llegar amigos y parientes:
un cojo entró a saltitos,
sin pérdida de tiempo le dio el pésame a la abuela.
En un rincón estaban dos ancianos hablando de suicidio.
Un señor de luengas barbas buscó refugio en la cocina,
un calvo se escondió detrás del ataúd,
el cura andaba pidiendo cigarrillos.
Al mediodía entraron las hormigas.
Se lo tragaron todo:
un reloj de cabecera,
un almanaque polvoriento,
un sombrero de copa,
dos sábanas blanquísimas,
la máscara del muerto.
Los presentes se desentendieron del asunto.
Por la tarde decidieron poner un disco en el gramófono,
una pareja comenzó a deslizarse por los cuartos.
A las siete se produjo una llamada:
querían al difunto en el teléfono.
Poco después trajeron la carroza,
cargaron con el muerto:
todo el mundo salió disparado al cementerio.
Por la noche la abuela sintió una ligera comezón en las
caderas.

VII

1945 es testigo
de una madre para siempre ausente
y un padre anciano
que al mismo tiempo

llegó y abandonó
mi mundo
Anciano tres veces muerto
te he buscado en tierras
que conocieron los pasos
de tus padres
no tus pasos
Y he de seguir sobre tu huella
donde ha quedado el pie
mas no el impulso

Si este viaje fuera el único
allí quedaría yo
más nuestro que cualquier
despedida
allí quedarías tú
sin otra presencia
que mi memoria

Por tu muerte
pasan campos desiertos
como antaño y sobre ellos
el sol como una sombra

LOS JUDÍOS EN EL INFIERNO

> Nosotros, orgullosos de haber eliminado el infierno,
> lo difundimos ahora por todos lados.
>
> ELÍAS CANETTI

> Cuando descubrí que el dominio <www.infierno.com> no estaba registrado, pensé que había cometido algún error. Sin embargo, al teclear de nuevo la dirección comprobé que era verdad: no le pertenecía a nadie.
>
> FERNANDO IWASAKI

> El infierno está lleno de buenas intenciones.
>
> SAN BERNARDO DE CLARAVAL

Cuéntanos la fábula,
que los judíos se compraron
un lugar privado en el infierno.

En el primer círculo,
sentado en un banco de madera,
Karl Marx se abanica con la mano.
El profeta Jeremías
combate el calor cantando salmos.

En el segundo círculo,
Salomón examina con cuidado
las piedras de su Templo.
En unos rollos de papel amarillento
Moisés escribe jeroglíficos.

En el tercer círculo,
Jesucristo sueña con Pilatos.
El ojo clínico de Freud
lo observa a pocos pasos.

En el cuarto círculo,
Spinoza redacta
una historia de marranos.

En el quinto círculo,
Jacob se pelea con un diablo.
Caín y Abel
se comportan como hermanos.

En el sexto círculo,
está Noé borracho en una cebra.
Entre los hoyos de las rocas
Einstein va buscando átomos.

En el último círculo,
inclinando un telescopio,
Kafka se ríe como un loco.

WAYNO ZAPATEADO DE CHEPÉN A SANTIAGO DE CHUCO[1]

Ay vidita quién pudiera perder toda memoria
De mí de ti de todos nosotros ellos
Quién pudiera ay hacer que los pronombres
saltaran sobre su propia cáscara
Que cruzada de piernas se abriese nuestra vida
Y entrara morado y seco doblando
dúctiles campanas
El pene del olvido chichesco y choclo
Ay memoria tan virgen tú en tus encajes blancos
cavando ardiente fosa
Al borde de la carne haces bailar injusta pala
Ay olvido sangre en retroceso imploras
flojamente cuerda despacios adjetivos
Ay memoria tragaverbos y matapredicados
Háblame olvido cachero de los mudos
Cállate fría memoria de los sordos
¿No son ellos mancos cojos
los que al fuego meten pies y manos y aúllan
lobos por nombrarlos?
El grito primero del olvido nombró al fuego
La memoria dio su primer soplo por borrarlo
Olvido pisa con taco fino nuestro cajón de muerto
Pañuelo en mano zapatea memoria nuestro clavo más flaco

---

[1] WAYNO: música andina popular bailada y cantada. CHEPÉN: lugar de nacimiento de Isaac Goldemberg. SANTIAGO DE CHUCO: lugar de nacimiento de César Vallejo. Ambos pertenecen al departamento de La Libertad (Perú).

DIÁSPORA

> *Me parezco al que llevaba el ladrillo consigo
> para mostrar al mundo cómo era su casa.*
>
> BERTOLT BRECHT
>
> *Hoy descubrí por qué
> la casa está tan llena
> de soledad…*
>
> MANUEL J. SANTAYANA

Todavía quedaban en la ciudad todas las casas.
Pero la que menos quedaba era la casa del padre.
Él dijo que guardaría su casa hasta el último día de sus días.
Más tarde, mucho tiempo más tarde,
volvía del destierro para ponerle candado.
Y el hijo, sin que fuese suya, se quedó con la llave.
Tiempo hace ya que la casa fue vendida al olvido.
Hoy el olvido tiene su llave, idéntica a la memoria del
[padre.
Esta será su tranca —dijo— mi memoria.
Más tarde, mucho tiempo más tarde, mudó su casa.
Pónganla aquí —dijo— donde estuvo la casa.

VALS CRIOLLO

> *El valse —la pieza sería mejor— angular de la cultura de lo criollo. Criollo popular costeño. Costeño no mestizo. Mestizo no transcultural.*
>
> Eloy Jáuregui
>
> *Se le llama vals criollo cuando se está en el Perú, pero cuando se está afuera del país, se llama vals peruano.*
>
> Escrito en *Identidad Peruana*
>
> *Es un día [el de la Canción Criolla] en que nos amanecemos bebiendo y bailando, y la jarama dura dos días porque el 1 de noviembre es el feriado religioso del Día de Todos los Santos.*
>
> Augusto Polo Campos

Como un banquete al que se va vestido
corbata michi y terno azul marino,
pasa la procesión —en ómnibus de madrugada
y haciendo garabatos— sin Cristo ni Virgen de domingo

Como una cometa que vuelve sin sentido,
viento que hace volar el cielo en hábitos morados,
otra vez el puente del hilo de la pesca
anzuelo que del tiempo muerde hilachas,
pasa el mismo chorro de sangre
con sus mil cuchillos

Como si la memoria fuese un fardo ajeno
jalando arriba abajo el mismo sol eterno

de espaldas a un muro al pie de los Olivos,
puerta tapiada para un Mesías que no asoma
ni por asomo su cara de siete ojos

Mi corazón es ese muro: ruina
que no contenta con ser ruina se hace añicos.

SONETO INEXACTO
DEL JUDÍO PERUANO Y VICEVERSA

Jesús, te has olvidado de mi América,
ven a nacer un día sobre estas tierras locas.

CARLOS PELLICER

Por Dios, Jesús, ni en sueños se te ocurra
nacer en mi otra tierra prometida.
Te lo ruega este judío de rodillas.
Lo mismo este peruano que me zurra

por hijo de camello. No, ¡de burra!
De burra ofertada a tu cruz de palo
con que me zurra este judío, en vano,
por hijo inexacto de camello y burra.

Jesús, no oigas al vate que te invoca
desde el abismo de su ser cristiano
a que nazcas sobre estas tierras locas.

Por el Dios de Abraham de ti me fío
que no le ofrendarás a mi peruano
lo que con creces le has dado a mi judío.

GENEALOGÍAS

La rebelión edípica contra el "padre" —en este caso el mundo dado— es tan vital para la modernidad estética como para la teoría psicoanalítica y el juego deconstructivo.

GEORGE STEINER

I

Con nada, lo que se dice nada,
rosa de la pasión, olvido trunco,
jugada de la simpática muerte. Es el amor,
que no reconoce ni a su señora madre,
puta como ella sola, ¡ni le enseñen el billete!
No vaya a ser que nos ponga a trabajar
estirando la mano, como un cristiano.
Decía: la suerte fenecida en la cartera y
el ojo del hijo en la herencia que nunca dejó el padre.
Seguramente llorará, pero no por el viejo,
seguramente. Ni éste abrirá el paraguas,
seguramente. Ni hablar:
¿En una ciudad donde nunca llueve?
Entonces para qué tanto impermeable,
para qué tanto jebe en un cache entre dos
lápidas que las pusieron sin nombre.
No importa. Si no cemento, pidan aceite.
Hay muertos que vuelan sin freno y la vieja
duerme. En su cueva de mierda, duerme.
Duerme su muerte: La hija del padre
que se murió en la madre. ¡Cuánta tristeza!

¡Qué tal cojuda tristeza
de no poder parir a la madre!

II

Padre:
Caíste en mí al saltar tu soledad
mas hoy solamente la distancia nos enfrenta
viajeros somos de un mismo camino
en días volcados como puentes

Si yo me hago vigía y permanezco
es para ver pasar el tren de madrugada
invadiéndome el pasado

Padre:
qué lejos vas quedando en mí
como cuando decías vámonos a casa
después de largos sábados de candelabros

Por tu rostro ha caminado el desierto
y mi madre duerme
con el oído atento a una quena[1]

Ven, padre
toma esta mano nómada
caminemos
mientras los ojos de mi madre inventan un espejo

---

[1] QUENA: flauta de los pueblos andinos.

III

Madre:
Tus pasos sigilosos acostumbrados a mi sombra
Nuestra historia sentenciada a los reflejos
Una plegaria que rompa tu sueño interminable
Una ceniza que prenda en la oscuridad de tu eco.

Recojo de ti mi forma de fantasma,
El tiempo que huye de mis estaciones,
Mi existencia alejada del cuchillo de tu sombra.

IV

Padre:
Tu historia errante reclama
Las cenizas de mi cadáver.
El olvido en que yace tu tiempo
Exige la excavación de mis raíces,
Me entrega tu ausencia interminable.
Hombre soy frente a tu imagen.
Tu historia camina sobre mis
huellas de suicida errante.
El espejismo de tu profecía
Me distancia de mí mismo:
Promesa de un reposo eterno.

V

Madre:
nuevas noches marcarán el hábito de nuestro viaje
Me haré minero de mi infancia y volveremos como
pájaros nocturnos
al lugar donde el desierto aúna nuestra historia
Recobraremos la antigua suerte de ver al brujo
de los ojos enloquecidos por la magia
y el cabello hecho fuego por el soplo de la noche
Adormecidos por el largo brebaje de su sueño
despertaremos con la lluvia que cae sobre el
pueblo como blancas migajas
Sólo entonces llenaremos todas
las calles con nuestras voces

VI

Tu casa vacía la habitas con el pelo empapado
y tu hijo por nacer vive en ella colgando
bocabajo del techo
Tú te arrodillas para beber de su charco
La sed me ahoga, dices
mientras tu hijo gotea alfileres de plata
Cada quien construye su propio dios-pequeño
con su falo de espinas
Ay, qué duele más: ¿la idea o el tacto?
Los ojos del niño presagian tormenta
sus pupilas ennegrecen el cuchillo
que aletea escamoso en tu mano
como un guerrero que aguarda la derrota

de calcarse a sí mismo
Los ojos del niño —dos soles
detrás de tu cerro— envejecen tu historia
y se llena vacía de tiempo tu casa:
Sangre de tu sangre: Ser de tu ser
ese niño más tuyo que tu propio cuerpo
que el corazón en crescendo
monta con espuelas y látigo
Inesperada noticia de una batalla
que diariamente se da en tu casa
—la casa de todos—
Tú, victoriosa: él, derrotado
él, en su mano, la espada
Tú, en mano suya, el pescuezo
y nadie sabe para quién trabaja!

Por eso un muerto
viene de noche a golpear la puerta
de tu casa vacía
donde exprimiéndote el pelo
amamantas a tu hijo

UMBILICUS MUNDI

I. JERUSALÉN

> De los sitios que conozco, ninguno concentra, como
> Jerusalén, tanto tiempo en tan poco espacio. La historia, allí,
> en vez de expandirse, se comprime. No busca nuevos
> escenarios sino los viejos ámbitos de siempre.
>
> SANTIAGO KOVADLOFF

La ruta de la noche de los seres que llegan,
la ruta del día de los seres idos,
el pasado borra.
Odio para el enemigo enemigo,
para el enemigo amigo,
los silencios del pasado y los del futuro,
nada se separa y nada se mezcla.
Los esclavos de la pluma entre el sollozo del perro,
las bienvenidas del aire,
los esclavos al descubierto en pleno desierto,
la sombra de la oscuridad o la vida,
en los ojos del lobo.
Héroes desconocidos de hazañas inútiles,
nada se llevan,
hombres que ruidosamente se quedan
en nuestros otros nosotros,
rota la cadena de aire y fuego,
el pasado todo lo borra.

En la desidia de anquilosar el imperio,
en las ciudades atestadas,

en las ausencias dulces,
un breve hilo nos sostuvo.
Abundaron saqueos de casas y palacios.
Faltó la paz.
De dos o tres letras o sólo de la Alef
pensamos al imperio en su destrucción.

II. Cusco

Caminé frente al muro, piedra tras piedra...Toqué las piedras con mis manos; seguí la línea ondulante, imprevisible, como la de los ríos, en que se juntan los bloques de roca ... en el silencio, el muro parecía vivo, sobre la palma de mis manos llameaba la juntura de las piedras que había tocado.

JOSÉ MARÍA ARGUEDAS

Trepanadores de cráneos en el espacio.
De hombres que hacían la paz y devolvían los reinos
y vivían rezando y suplicando,
los pies cerrados, cerrados los cerebros,
de hombres que no tenían los labios cerrados,
nos parecía alentador su silencio.
El olvido recobra sus huecos de placer,
carecemos de la voluntad de soñar
y callamos en el espacio privado.
Conservamos el fuego apagado,
hemos rechazado preservar el imperio,
sus cuerpos y sus ahogos.
Hemos rechazado el espíritu de los que no sueñan.
El imperio se sosiega
en el paso de pocos segundos.

Mentes cabizbajas para la escritura de la historia,
ese sol brillante,
preservar el imperio,
más cerca del impermeable tiempo,
y más cerca del agua.
Viejos de pie con sus máscaras sombreadas,
quitaban al dios,
desde la lúcida inteligencia,
donde permaneciera la brevedad podrida de la tierra,
y una muchedumbre de pequeños descensos,
buscaba traducir la ley del imperio.

III. NUEVA YORK

> Nueva York era un espacio inacabable, un laberinto de
> pasos interminables, y no importa cuán lejos caminase, no
> importa cuán bien llegase a conocer sus barrios y sus calles,
> siempre lo dejaba con la sensación de estar perdido. Perdido
> no solo en la ciudad, sino también en sí mismo.
>
> PAUL AUSTER

Sin la firmeza de la tierra,
esos espacios sólidos de las noches
que quedaban con la nuca al aire,
eran los días para preservar.
Hombres se tapaban los ojos para no mirar
el comienzo del breve tiempo,
el tímido ascenso,
rojos y desnudos bailaban en las cavernas.
Y todo desunido por una tijera ritual.
Sus cercanos silencios de inmovilidad,
el calor impedía sobre la flor.

Y a la luz se cerraban las ventanas de la selva,
se encogía y se agachaba el miedo,
antes de tantas noches de un mundo conocido
como negra profecía cayó el animal moribundo.
En la superficie se descartaba la maldición
de andar sobre aires terribles siempre hollados.
Y ahí estaban las piedras, siempre las mismas,
como músculos afeando las ramas terrestres.
Hombres y mujeres carecían de la voluntad de soñar
y gemían en el espacio privado.
No había nadie que hiciera la paz
y devolviera los reinos,
nadie que recobrara los huecos del placer,
sólo hombres que conservaban el fuego apagado,
los saqueadores sin propósito.
Sin la firmeza de la tierra,
el futuro todo lo borra.

LECCIÓN

*En el Perú –intentó— hay una dimension de pasado que,
parece, no terminara de transcurrir.*

MAURIZIO MEDO

La historia me enseñó hace algún tiempo
que el dios Wiracocha
envió a Manko Cápac[1]
a fundar un imperio en la cima de un cerro

La historia me enseñó más tarde
que Jehová creó al hombre
a imagen y semejanza de Wiracocha
quien a su vez creó a Manko Cápac
a imagen y semejanza de Jehová

---

[1] *Vid.* notas pp. 114-115.

TAWANTINSUYO[1]

Escucha hermano
no es tiempo de llorar
la tierra volverá a ser nuestra
porque la tormenta de lluvia ya viene…

Eduardo Ninamango Mallqui

Fuertes lluvias
Se limpian los campos
Es tiempo de pesca
El trigo comienza a dar fruto
Hay que defenderlo
del pájaro
del venado
del zorro
Hay tempestad de truenos y rayos
Las lluvias traspasan la tierra
Es el tiempo en que paren las bestias
maduran las uvas
Florecen los campos
Es el tiempo de la cosecha
En el menguante se talan los árboles
Se ara
Se siembra
Azotan los vientos
Es el tiempo en que renacen las lluvias

---

[1] *Vid.* nota 3, p. 115.

BAR MITZVÁ[1]

Mi padre sangra historia.

ART SPIEGELMAN

La víspera del sábado mi padre me visita
Viene a lavarme las orejas
a cepillar mi traje maloliente
a darme un par de vitaminas
El sábado mi padre asoma sus ojos desvelados
prepara el desayuno
me lustra los zapatos
saca del ropero mi mejor camisa
Me toma de la mano y pasamos rápido
por la puerta de una iglesia
Casi doblados en nosotros mismos
andamos perdidos en calles sin salida
espantando moscas que se nos paran en el rostro
En la sinagoga de Breña nos esperan tres ancianos
una mesa con tomates y sardinas
vino y un molde de pan blanco
El rabino me hace subir a la bimá[2]
los viejos me sonríen

---

[1] BAR MITZVÁ ("hijo del mandamiento"): ceremonia que realiza el joven judío a los trece años. Desde ese día debe cumplir con las obligaciones religiosas requeridas a todos los miembros de la comunidad.

[2] BIMÁ: especie de tarima desde donde se lee la Torá en la sinagoga.

rezan entre barbas
El rabino me indica que empiece la oración
me pongo de rodillas
mi padre enrojece de vergüenza
Un viejo me señala en la Torá unas palabras[1]
tartamudeo de los nervios
miro a mi padre de reojo
a mi viejo padre acurrucado como un feto
en medio del festejo

---

[1] TORÁ ("enseñanza, ley"): se designa así tanto la escrita (Biblia o Pentateuco) como la oral (Talmud).

AUTORRETRATOS

I

> *Yo soy metafísicamente judío.*
>
> E. M. Cioran
>
> *Ser judío es un compromiso asumido al nacer y no puede ser revocado.*
>
> Saúl Sosnowski

Yo y mi judío a cuestas
observándonos de espaldas
y sin embargo
oreja a oreja:
él imperturbable
diríase desdeñoso de la muerte
dando campanazos contra el tiempo
en su misión de ir rodando
por el abismo de la historia
él su rostro adolescente
rezagado en los espejos
tatuado del pie al alma
Yo y mi judío a cuestas
calcamoniados hasta la corva nariz
que se nos gasta
en olfatear el Reino de la Tierra

II

> *En el Perú existen varias memorias históricas.*
>
> ALBERTO FLORES GALINDO
>
> *¿En qué momento se había jodido el Perú?*
>
> MARIO VARGAS LLOSA

El judío es tan triste
como el murciélago
El peruano es más triste
que el gato
El judío es menos triste
que el Zar
El peruano es el más triste
de todos
El judío es triste
El peruano es muy triste
El judío es tristísimo

III

Inacabadamente erecto
quedo en mi habitual pose
de hombre:
esta mano es mi extensión
denuncia mis actos
        monótona
        con doble luto
        de péndulo

La espina me baja hasta el pie
el talón me lleva por delante
me obliga a dar traspiés
en este círculo de vida
que va de un ojo al otro
Mis escondites guardan
su lado oscuro:
la axila es una araña abierta
el vientre una frontera
que me cruza de norte a sur
Arriba: el cerebro
Si me encaramo a su altura
después —cuando el cuerpo
me lo exige— es refugio
la caída

IV

A veces sueño que soy Jesucristo
y que esta vez mi identidad la guardo en secreto
Algo así como Supermán y Clark Kent
sólo que al revés
Supermán escogió convertirse en celebridad
Al ser omnipotente
podría haberse hecho un ser invisible
como Dios
Sin embargo, como Superman, escogió el spotlight
y, como Clark Kent, trabajar en la oscuridad
En cambio, yo, como Jesús,
realizo mis milagros detrás de bastidores
y la verdadera celebridad soy yo: Jesús Cristal,
hoy por hoy el nombre más notorio
en el mundo publicitario.

V

Solos
yo y mi palabra
Solos
yo y mi mentira
Solos
Yo y mi tiempo
Solos
yo y mi uña
Solos
yo y mi nombre
Solos
yo y mi memoria
Solos
yo y mi mito
Solos
yo y mi
muerte y
yo

VI

Clavado donde la vida impulsa
la sensible inercia,
donde el color lo acaba todo,
donde el caracol ensorde en su interior.
Separado de mí,
Al revés de mi revés,
Con la espina dorsal
De todas las ansias.
Aquí, con el ronquido cruel de la permanencia.

VII

Nube mi rostro
Viento mi palabra
Lluvia mi imagen
Bajo el sol o la noche
en tiempo de sequía o cosecha
mi nombre

VIII

El hombre que soy
De barba crecida, blanca,
oculta la vida mal vivida.
Quién lo diría.
Ni el ojo acusa su angustia,
menos tristeza todavía.
Sí risa de antaño, envejecida.

HAGADÁ[1]

No hay viaje sin que se crucen fronteras.

CLAUDIO MAGRIS

La plenitud del vino el rito de las uvas benignas
en la mesa festiva de mi padre
humilde la levadura de los panes ácimos
la soledad magullada de la mesa y sus costados
la diseminada historia de mis antepasados
en la poquedad del vino
en el zigzagueo derecha izquierda
de sus mercaderes piernas
sus tejes y manejes desde la remendada geografía de la
                                                [Ucrania
hasta el hueso embalsamado de una huaca peruana[2]

De esta parte mi abuelo sigue siendo el huaquero viejo
que viene de sacar huacos
del mundo de arriba
del mundo de abajo
Ay ayayai la curvatura de su poncho al viento
Ay ayayai el eco quebrado de su quena[3]

---

[1] HAGADÁ ("narración"): colección de expresiones, interpretaciones escritas e himnos referentes al éxodo de Egipto, tal como se recita en el hogar durante el séder de Pésaj (la Pascua judía).

[2] HUACA, HUACO, HUAQUERO: *vid.* nota 1, p. 110.

[3] QUENA: *vid.* nota 1, p. 129.

Por las veredas de mi tierra la historia de mi padre da
[una vuelta
caracolea su galut en torno a mi tienda de campaña[1]
Ay ayayai los meridianos de su sombra
Ay ayayai de su shofar el eco de una quena[2]
Para ti padre todo el silencio de mi kadish[3]
para ti la erecta gravedad de un trigo jamás pan
ácimo en la palma de tu mano
Para ti el mar septentrional que te trajina puerta en
puerta
del mundo de abajo
del mundo de arriba
Para ti todos los goznes de mi hueso embalsamado
que cuentas y recuentas desde los recovecos de mi huaca
Ay ayayai el curvo silencio de tus palabras yiddish
Ay ayayai el eco quebrado de mi palabra quechua[4]

---

[1] GALUT: diáspora; la dispersión del pueblo de Israel entre las naciones.

[2] SHOFAR: cuerno de carnero que se hace sonar en la sinagoga, principalmente en Año Nuevo y en Yom Kipur, el Día del Perdón. El cuerno de carnero anunciará la llegada del Mesías.

[3] KADISH: tradicional oración judía por los difuntos.

[4] YIDDISH: el idioma de los judíos provenientes de la Europa Central y Oriental y que tiene casi dos mil años de antigüedad. Su origen es un dialecto antiguo del alemán y se escribe con caracteres hebreos. QUECHUA: lengua oficial del imperio incaico.

CASAS

Están construyéndome mi casa
dijo el joven judío andariego
que ahora está viviendo de gratis
en mi casa
Y es verdad que es grande el peso
de sus muebles
en los siete metros de mi sala
Dijo:
Cuando ya tenga mi casa seré
un árbol con raíces
Que nada más por eso lo dejé habitar
el alquiler de mis paredes
que es inmenso el espacio de sus muebles
en mi pobre tienda de campaña

YOM KIPUR[1]

Chacra Colorada, 1955

La sinagoga está de fiesta:
damas decoradas con joyas medievales
exhiben sus pieles de la diáspora
hombres de púrpuras gorritas
plagada la cabeza de números y letras
se aglomeran como moscas
en torno al Arca de la Alianza
Por las calles de Lima entretanto
viejos judíos de barbas cenicientas
marchan sigilosos
el estómago en ayunas
a sabiendas que ese día
Dios inscribe en el Libro de las Cuentas
con Su propio puño y letra
las almas que se salvan o condenan
Llegan puntuales al umbral del templo
(la memoria les huye por puentes
y desiertos)
El rabino hace sonar el cuerno milenario
Los viejos se toman de la mano
agachan la cabeza
como fantasmas van entrando

---

[1] YOM KIPUR ("Día del Perdón"): el último de los Días Austeros con que se inicia el Año Nuevo. Es un día de ayuno y de ininterrumpida oración por el perdón.

ELEGÍA POR HERSHEL GOSOVSKY

Lo habrán visto corbatas bajo el brazo por todos
los inviernos de la ciudad
Le habrán preguntado cuánto vale
cuánto cuesta esta corbata de verano
en los días que pasan
Y él Gosovsky caminando en vida
del Jirón de la Unión a La Colmena
las hubiera vendido al por mayor
puesto las hubiera a volar por todos
los techos de la ciudad a bajo precio
a plazos las hubiera puesto
a calentar todos sus inviernos
a que abriesen kioskos llenos de sol
en todas las suaves esquinas de Lima
En vida Gosovsky el de los ojos celestes habría
llegado con el peso de sus pies
hasta el prostíbulo del Jirón Huatica
habría iluminado callejones y aposentos
con su leche erecta de circunciso
con sus manos habría llegado hasta el Banco Popular
hasta la ventanilla con sus manos
incrustadas de monedas peruanas
con su cuerpo habría buscado alojamiento cada noche
cada madrugada abierto hubiera
con su llave todos los hoteles de Lima
Lo habrán visto morirse boca abajo
con sus pies
           con sus manos
                      con su cuerpo todo

EL RABINO DE STARAYA USHITZA[1]

> *El tiempo es un fantasma*
> *Masoch*
> *una torre gótica y perversa*
>
> CARMEN OLLÉ

Le preguntaron una vez qué era el tiempo
Solicitó un plazo de cuarenta días
Partió en dirección al bosque y se alojó
en una caverna
Llevaba un remolino en el cerebro
Se desnudó de pies a cabeza
Se purificó con el agua de las rocas
Recitó pasajes de la Biblia en voz muy queda
De la oscuridad hizo su lecho
Entretanto se ponía cada vez más ojeroso
La caverna se había llenado de murciélagos
Los sentía copular en el silencio
Poco a poco fue perdiendo la paciencia
Descendió al fondo de la cueva
Contestó con voz de trueno:
El tiempo está en la Cábala
El tiempo es un huevo de avestruz
El tiempo es un demonio de mil cachos
Quiso pensar pero tenía la mente plagada de espejismos

---

[1] STARAYA USHITZA: aldea ucrania; lugar de nacimiento del padre de Isaac Goldemberg.

MEMORIAS DE MERCACHIFLE

Fuera verla pasar desde mi esquina mercachifle
con su canasta de pan
morena como un trigal de Besarabia fuera verla
pasar sin el manantial de su sonrisa
sin nunca detenerse en esta esquina mercachifle
a litigarme el precio de las cosas
Y en sueños fuera verla ataviada de abalorios
tierna concubina fuera en toda la gravedad de mi palacio
luminosa como las altas espigas de Judea
Y cada mañana desde mi esquina mercachifle
fuera verla pasar siempre de largo canasta bajo el brazo
quedamente taconear el tenue decir de un vals peruano
al ritmo de todas mis ofertas violentar sardineles
con sus cholas caderas
sin jamás detenerse a mirar el peso de la mercancía
y fuera verla pasar desde esta esquina mercachifle
socavándome el lento desfalco de los días

ELEGÍA POR LA BELLA ESTHER

Aquí moría la bella Esther dulces sus ojos como los
    olivos de Jerusalén
  esquina con esquina de las noches limeñas
    se fugaba el sueño de la bella Esther
¿volaba su sueño de ciprés en ciprés?
No moría árboles con árboles ni viendo
    candelabros arder
a flor de labios todas las palabras yiddish se moría[1]
revoloteaba el tiempo de la diáspora en torno a los
    ojos de la bella Esther
¿más alto que todas las colinas de Jerusalén?

---

[1] YIDDISH: *vid.* nota 5, p. 147.

SHABAT[1]

Sábado aferrado a la memoria
Han corrido los muchachos del barrio a repartirse
el pan y se ha cortado la oración
La casa se hunde como una palabra en el silencio
La hospitalaria abuela reposa en la penumbra
como un ídolo
Mi padre reza con su voz de patriarca y centinela
Mi madre enciende el horno
(aún queda tiempo)
Amasa nuestro pan con sus silencios

---

[1] SHABAT: sábado, en hebreo.

DÍA DE SEMANA SANTA

Nosotros, padre, entramos de noche al pueblo
sin perturbar el sueño,
llegamos y erigimos nuestro retablo en medio de la plaza,
plantamos en la tierra nuestros dos maderos,
hicimos la cama y nos dormimos.
Al rato la gente empezó a salir de todas partes,
venían los ciegos, los lisiados,
monjes derramando incienso,
niñas con espinas en los labios,
mujeres desnudas besando crucifijos,
guardias abriéndose paso con el látigo.
Detrás venía un hombre,
la frente limpia, sin zapatos.
Le quitaron la camisa,
dejose alzar los huesos,
le clavaron agujas en el pecho,
le escupieron la cara,
el cura lo bendijo.
En eso llegó la mujer del hombre con sus hijos,
le hicieron bajar una escalera,
le echaron sobre los hombros una sábana,
cargaron con el cuerpo.
Entonces, padre, se cerraron todas las puertas de la iglesia.

ITINERARIO

El viaje se inicia de repente en día trece
Un buen número de noches me las paso en vela
Recién al mes de travesía
sin saber sufrido mayores infortunios
avistamos tierra:
Hemos llegado al Viejo Mundo
En Génova habité un hotel de mala muerte
La dueña me negaba la comida
Ni siquiera me permitía el uso del teléfono
Toda mi estancia me la pasé en la calle
comprándome corbatas
A la semana partí rumbo a Venecia
actividades de rigor:
Travesía en ataúd por el canal
Visita a la Plaza de San Marcos
Conversación con las palomas
Al día siguiente surcamos el Adriático
Escala en Grecia
Resultó absolutamente cierto lo que me habían
dicho los amigos:
El Partenón no se parecía en nada a una fortaleza incaica
Nos internamos por el estrecho de Corinto
Del otro lado: Haifa
Me fui a vivir en casa de familia
Por un tiempo bastante prolongado madre e hija
me tratan como a hermano
La primera semana me sacan a pasear en auto
Las Colinas me dan escalofríos
Por fin llegamos al Mar Muerto
Al mes me encamo con la hija

La madre se abalanza sobre mí cuchillo en mano
Hago maletas y abandono barco
Dos meses me las paso acosado por el hambre
Por fin me mandan el pasaje a Lima
La nave se interna por parajes poco hospitalarios
En el Callao salen a recibirme amigos y parientes
Me preguntan por el viaje:
Decido poner los pies en polvorosa

Décimas, canciones

y poemas de fino amor

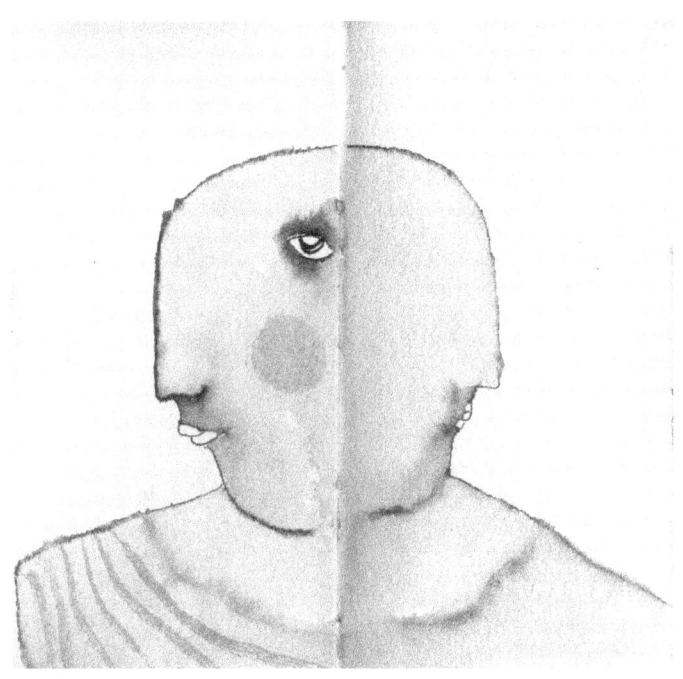

Juan Carlos MESTRE, *Libro de los libros*, 3 (2017).

*Anida mi corazón desde siempre
nuestro nombre al revés.*

CAASI HAR ZAHAV, *De amor y de sueños.*

Décimas

I

De lejos te vengo amando
(desde el fondo de mi niñez).
Hoy en tu camino otra vez,
vivo a la espera de cuando
el tiempo con que nos ando
se detenga ante tu puerta,
que siempre quedose abierta
al fluir de mi cariño,
antiguo, porfiado niño
que nunca te supo muerta.

II

La inmensa falta que me haces
no tiene tiempo en palabras.
Ábrete ya abracadabra,
maga luna que renaces
vistiéndonos de disfraces
para vernos cara a cara.
No existe imagen más rara
que la que no tiene espejo,
la voz que aquí yo te dejo
sombra fuera si no hablara.

III

¿Qué quieres tú que te diga:
que me muero por tus besos?
Pues te lo digo en un rezo
para que mi boca siga
en dulce pasión amiga,
bendiciéndote en su aliento.
Y que este divino viento
que abrigamos en el pecho,
nos traiga de nuevo al lecho
de nuestro amor ya sediento.

IV

Yo quiero que tú me quieras
porque de verdad me quieres.
No quiero, si es que me quieres,
que por promesa me quieras.
Yo quiero que tú me quieras
sin causas y sin razones:
son fieles los corazones
que se quieren porque quieren,
y que al querer no se quieren
para inventarse ilusiones.

V

No es hueco nuestro vacío:
lleno está de nuestra ausencia.
Sigamos en la creencia
que nuestro pozo es un río
por cuyo flujo sombrío
nos iremos acercando
hasta que no haya más cuándo
sino nosotros y ahora,
porque ya nos llegó la hora
de estarnos viviendo amando.

VI

Estamos tú y yo en la tierra
sólo para amar nuestro amor,
no para servir al dolor
en que los seres se encierran
cuando suicidas se aferran
a la soledad de ser dos.
Mejor es, mujer, ir en pos
del uno que está en nosotros,
no oyendo el eco del otro
cuando hable nuestra única voz.

VII

Sí es para toda la vida
el amor que por ti siento:
¿cómo apagaría el viento
llama tan suave encendida
que quema y no deja herida?
Tampoco hay sombra que pueda
matar la luz que nos queda
para seguir en camino,
haciendo de dos destinos
eje de la misma rueda.

VIII

Todo lo que llevo dentro,
muy hondo o a flor de piel,
lo riega la clara miel
que nace desde tu centro.
Así se da nuestro encuentro
de tierra fértil y huesos,
que habiendo perdido peso
suben aún más profundo
para escaparse del mundo
y amarse en porfiado beso.

IX

Quiero que mi ser te duela
como el tuyo me duele a mí
y todo el amor que perdí
a la luz de cualquier vela,
se haya pegado a tu suela
como el recuerdo al olvido,
y todo lo que he vivido
para acaudalar tu historia
lo hagas volver en la noria
de mi pasado perdido.

X

No tenerte es mi tortura.
Sin embargo: no me quejo.
Si vengo andando de lejos
del brazo de la amargura
por abismos, por alturas,
es porque sé que en tu seno
flamea el fuego sereno
que alumbra mi lejanía.
Yo me mantendré en tu vía
igual que un río sin freno.

XI

De mi amor eres la dueña
como del universo Dios,
que no nos nombra de voz
mas en su reino nos sueña.
Si vamos de peña en peña
desafiando la vida
es por saber la caída
peor que nos da la muerte,
y no confiar en la suerte
que aún nos ronda perdida.

XII

Tengo los ojos hundidos
de tanto querer mirarte:
se va mi tiempo en buscarte
por los caminos perdidos
de un viaje siempre prendido
al azar de la corriente.
Ya llégate a mi vertiente,
de mi amor tienes el mapa:
¿no ves la sed que se escapa
del flujo de nuestra fuente?

XIII

Bien mal amados del amor
somos del Amor amantes:
deja en nuestra piel sangrante
como dulce abeja en la flor
las agujas de su dolor.
Amor, qué loco nos atas,
con qué fuerza nos desatas
para amarrarnos de lejos.
Tu tiempo son los espejos
vacíos con que nos matas.

XIV

¿Cómo sabes, dime, que estás
muy enamorada de mí?
¿Lo sientes como un frenesí
de vientos o como quizás
la agua que se entrega tenaz,
febril a las aguas del mar,
sabiendo que no podrá hallar
de nuevo su vuelta al lecho?
¿Te arrojas tú así en mi pecho
sin cauce para regresar?

XV

Mi corazón anochece:
hay luna llena en el cielo.
Si no alumbrara en su hielo
qué bella noche ésta fuese.
El tiempo siega las mieses
de nuestro amor con guadaña;
la luna, como una araña,
nuestra soledad hilvana:
espejo de donde mana
la sombra con que nos baña.

XVI

Conque compartir deseas
la soledad de mi cueva.
Bien: ven con la luna nueva,
despeja esta sombra fea
para que con tu luz veas
mi corazón ermitaño.
Te juro que no te engaño:
en la aridez de esta roca
verás a mi pena loca
pastando sin su rebaño.

XVII

Yo sé que seré tu rey
dentro y fuera de la casa.
Mi amor por ti no se basa
en ningún precepto ni ley
ya que siendo de buena grey,
rechazo toda autocracia:
mejor vivir en la gracia
concedida por nuestro amor,
donde al no gobernar señor,
impera la democracia.

XVIII

Permíteme que te diga
lo que yo nunca te he dicho:
antes de estar en el nicho,
de espaldas o de barriga,
no dejes que te persiga
la sombra de la desdicha
ni tampoco que te alcance.
Con la muerte no hay romance;
para la muerte, una dicha:
cuando sale nuestra ficha.

XIX

Todo lo que yo te escribo
no es nunca literatura:
es fruto de la ternura
que de tu amor yo recibo,
fuego eterno, fiel amigo
que inspira nuestros poemas.
Esta pasión que nos quema
no nació para contarse,
ni nosotros para amarse
tornando al amor en tema.

XX

Tiende la muerte su puente
sobre el amor y su abismo,
sabiendo que no es el mismo
cuerpo ni la misma mente
los que en su seno presienten
de vida el votivo aliento,
y que al segarlos del tiempo
dándoles el infinito,
convierte al amor en mito,
en sueño del pensamiento.

Canciones

MARINERA

Que todos los corazones del mundo
fueran míos: para con ellos, mujer,
amarte. Y tú, cayendo en sueños, saber
que el mío, aunque solito, es más profundo.
Así dejaría cada segundo
de celarte: si sé que el amor
del hombre en mí probaste. Todo el dolor
en el que yo, macho sin mi hembra, me hundo.
Sí, macho con toda la ley divina
que tu ser sólo mía me concede
y que el único ser mío me adivina.
La ley del amor fiel no se transgrede
cuando alma que posee a otra se ilumina
y al no querer ser una sola, cede.

VALS CRIOLLO

Si apenas nuestro amor hubiese sido
huidiza flor de un día, la breve hora
en que borramos todo lo vivido
nos hubiera arrojado sin demora
a una muerte sola, amarga, infinita.
Nuestro amor ya era antiguo, sin embargo,
cuando arribó puntual a nuestra cita
para, aún niño, librarnos del letargo.
Ardientes renacimos de la muerte
en el cruce fugaz de una mirada
que el tutelar Amor nos trajo en suerte:
almas en libertad, que encarceladas
en un simple quererme y yo quererte,
tienen la eternidad asegurada.

HUAYNO

Amo tu amor en mí, nuestro amor mío
amas mi amor en ti, nuestro amor tuyo
en ti amo amor, mujercita capullo
amas amor en mí, hombrecito río
amo en mí a tu mujer, nuestro ser tuyo
amas a mi hombre en ti, nuestro ser mío
te amas mujer en mí, hombrecito río
me amo hombre en ti, mujercita capullo
amo nuestro amor en mí, tu amor mío
nuestro amor amas en ti, mi amor tuyo
amamos te amas, hombrecito río
me amo amamos, mujercita capullo
amas hombre en nosotros, tu ser mío
amo en nosotros mujer, mi ser tuyo

TONDERO

Que el tiempo me dé tiempo de quererte
el tiempo entero que sin ti te quise
en esta vida, sin tu tiempo, breve.
Y que con tiempo el tiempo nos avise
cuánto tiempo de sol guarda la luna,
cuánto tiempo lunar teje la tierra
con hilachas de tiempo que una a una,
en tiempo no vivido nos encierran.
Que de su tiempo el tiempo nos libere,
que ido en tiempo veloz a donde muere
la muerte en largo tiempo promisorio,
nos dé tiempo de sobra para amarnos
festejando con tiempo su velorio.
Y al tiempo eterno del amor, atarnos.

FANDANGO CRIOLLO

Llevo en tus sangres mi sangre
y tú en mis huesos tu hueso
y yo en tus besos mi beso
y tú en mis aires tu aire
y yo en tus hambres mi hambre.
Traes en mis venas tu vena
y yo en tus quenas mi quena
y tú en mis olvidos tu olvido
y yo en tus nidos mi nido
y tú en mis penas tu pena.
Somos uno y somos todo
somos otro y no lo somos
somos cuántos, dóndes, cómos
somos tierra, arena, lodo
somos pie, tobillo, codo.
Tú eres sagrada y profana
tú eres cau-cau y turrón
anticucho de corazón
frejol a la chepenana
cajón de buena jarana.
Tú eres mi mambo cubano
eres mi valse peruano
mi guaracha y mi bolero
mi merengue bandolero
mi corrido mexicano.

Poemas

ORÍGENES

I

De pronto la tierra se inflama
y de los dedos se nos escurre
la sangre desamparada en el doble filo de la navaja
Sangre navega tiempo
salta milésimas de segundo
anterior a nosotros
¡anterior a la hembra y al macho!
Mujer, no doblegues ante la manzana tu sexo
ni tú, hombre, hagas del tuyo un arco!
¡Que nuestra caja alcance la orilla!
(amémonos en el amor y su máscara)

II

Como imágenes hartas
de calcarse a sí mismas
buscando Una el amor
en el Otro
hombre y mujer se enredan
en un único cuerpo
condenado a excavar
en el alarido
de sus huesos furiosos

III

Murciélago con diente de leche
entro en tu sexo —Dios, ¡qué huérfano
de carnes tendidas al sol!—
para roer en mi cueva
tu corazón tan lleno de hombres
igualitos que yo.
Pero con una diferencia:
ave de rapiña me reconozco
en tus ojos de abeja pegajosa
Ven, éntrame si para ti la muerte es amor.

IV

Mi mujer va por la casa cojeando
en un pie le baila la duda
del otro arrastra un niño descalzo
Ya la están acabando, dice
esa pared del fondo que nos aplasta
es la última
¿Pero quién afila cuchillos
detrás de la puerta?
¿Qué fantasmas nos llueven del techo?
La mesa está puesta, dice
la miel y el vinagre
el pan y la piedra
El tiempo descansa en nosotros, dice
como la escoba en el polvo

V

Luz
de una tierra
lejana
el sol
se descarrilaba
al pie
de una humeante
estampida
de pájaros:
mudo
sobre nuestros cuerpos
como una lengua irreal
Sombras lanzaba
en mis ojos
tu risa
fuegos
en la soledad
de mi amor
y más abajo
se vertían
en cenizas
tus brasas

VALS

En la noche de los dos
la amada se duerme
En las dos noches
se duerme el amado
Los dos amados
se duermen en la noche
Los dos amanecen
en la noche amada
El uno vigila
y la dos se duerme
La dos despierta
y el uno se sueña
El uno se abre
y la dos penetra
en la noche que duerme
Los cuerpos despiertan
en la noche que sueña
La una habla
y el dos silencia
el sueño que duermen
Los dos sueños hablan
y el silencio anochece
La noche calla
y los amados se sueñan

CUERPO DEL AMOR

Amo como ama el amor.
No conozco otra razón para amar que amarte.
¿Qué quieres que te diga además de que te amo,
si lo que quiero decirte es que te amo?

FERNANDO PESSOA

I

Amor bifronte y cara
de la otra medalla.
Tal la mujer, equitativo el hombre.
Tal el niño que se abrazó a su pie
y no dijo ni yo en boca de la madre
aún no nacida.
Tal la niña que enviudó arrodillada
en la dura brague ta de su padre.
¡Amor a dos sexos y a dos cabezas!
Mostrador y vitrina
de un mismo comercio feudal,
innecesario.
Amor de la necesidad idólatra:
tal la hembra que no sació
la sed de la mujer.
Tal el macho que no apagó
la sed del hombre.
Regresa, hombre, al ser de la mujer
y tú, mujer, al ser del hombre.
Y cada uno al propio ser
por cuenta propia.

II

Ante el abismo que es el amor,
en cuyo fondo —incluso en vida—
nuestros cuerpos son polvo,
amémonos de un cuerpo a otro cuerpo
sin temor de caer en la nada
que somos nosotros.
Amémonos en la nada de cada uno
y en la de los dos.
Amémonos en cuerpo propio
y juntos.

III

Conoces lo peor de mí.
Por eso te amo.

Conozco lo mejor de ti.
Por eso me amas.
Porque te amo con mis ganas,
no de acuerdo con las ganas tuyas.

Si te amara con tus ganas
yo sería otro,
y tú serías quien se ama.

EL ÁNGEL DE LOS CELOS

De noche
cuando la luna teje
sus hilos de sangre
mi ángel viene puntepiés
a meterse en mi cama
Él sabe que no le tengo
ni pizca de ganas
¡fuera maricón!
Pero él no:
le encanta hacerse el payaso
se pinta de puta
y me saca a bailar
Con una mano me aprieta los huevos
con la otra va marcando el compás
—de un vals, por supuesto—
¡suéltame mierda!
Él me mira ahogado de la risa
bate sus alas
hace que mi mujer se aparezca calata
¿Qué haces ahí bailando
con mi ángel? dice ella
¿Cómo que con tu ángel? respondo yo
Él aprovecha para cambiar de pareja
de un brinco se monta sobre mi mujer
me ordena que les haga la cama
Se acuestan
me invitan a meterme debajo de las sábana
Lentamente, cerrando los ojos
ella mi ángel y yo
nos internamos en un bosque de ramas furiosas

SUEÑOS

I

En el sueño del hombre
aparececían dos casas
cada casa mostraba dos puertas
en el sueño de la mujer
Si se abría una puerta
en el sueño del hombre
se cerraba la otra
en el sueño de la mujer
No había laberintos entre
el sueño de uno y de otra
Entre sueño y sueño
corrían dos sendas
La senda de la mujer se quebraba
en el sueño del hombre
La senda del hombre se borraba
en el sueño de la mujer
La casa oculta
en el sueño de la mujer
se abría a dos puertas
en el sueño del hombre
y cada sueño
en dos sendas

II

Nos soñamos en un país que era mío
Hace miles de años
Cuando mi nombre era otro

Otro era mi yo
Soñándote en un país que era tuyo
Hace miles de años
Cuando tu nombre era otro

Otro era tu yo
Soñándome en un país que era nuestro
Hace miles de años
Cuando tu nombre era mío

Mío era tu sueño
Soñándote en un país que era de nadie
Hace miles de años
Cuando mi nombre era tuyo

Tuyo era mi sueño
Soñándome en un país que era de todos
Hace miles de años
Cuando tu nombre y el mío eran nuestros

DOBLES

Del lado del doble de la mujer
se ha sentado el hombre a ver su doble
de la mujer que con tantas medallas
guardaespaldas, párase a sacar cuentas
con borrador y lápiz de mañana
La una se adelanta al 2
desdóblase el 2 en 4
la 4 en 8, el 8 en 16
y así hasta el infinito
La mujer dice el futuro no basta
el lápiz escribe lo que su doble borra
y el hombre lo que quiere es gritar
cuando su doble dice no reconozco mi letra
ni siquiera me llamo como dice ahí:
mi nombre es Otra.

CAMINOS DEL AMOR

> *Si de mi Amor*
> *Conocieras*
> *Sólo el Amor*
> *Pues no hay más*
> *Sólo el Amor*
>
> LUIS HERNÁNDEZ

I

Los caminos del amor
¿En qué línea quebrada se cruzaron?
¿Quién se postró antes la falda de las niña
y con gran disimulo por el ojo del candado
le hizo un guiño a su muñeca?
Y luego ¿quién ante el calzón de la mujer
humanamente por el hueco de su sueño
se puso a olerla a gritos?
No es la distancia del hombre a la niña
la que cerró caminos sino el tiempo
que aguja sin ojo dobló en dos
lo mismo a la mujer que al niño
Y éste sin llave para su candado
tanto peor... de lejos!

II

Va el hombre en busca del amor perdido
y dice saber todas las adivinanzas
para cualquier camino
Mas avanza con pie ciego
por su pasado de puentes levadizos
La luz de su corazón va por delante
ojo que va desgranando el hilo
de la araña macha
Sus propias huellas lo delatan:
aunque el amor se aparezca ante tus ojos
jamás podrás reconocerlo, dicen
Entonces el hombre embiste
contra su dura arcilla
vivo se sabe sepultado
siente latir su corazón
en el vientre de la hembra que despierta

III

En ti, mujer,
necesidad de taponar
todos mis huecos
llenar la casa
con todos los hombres
de la tierra
y amarte todos
a un tiempo

IV

El amor es ganas de la otra o del otro.
Sin pasión, el amor no es ni buena ni mala amistad.
El beso apasionado
expresa lo más sublime de la creación.
Más que el orgasmo enamorado.
No existe, en realidad, el uno sin el otro.
El beso apasionado
lleva al orgasmo enamorado,
y el orgasmo enamorado
fluye en el beso apasionado.

# Hombre de paso

Juan Carlos MESTRE, *Libro de los libros*, 4 (2017).

Exterior es el límite. Interior, lo ilimitado.

EDMOND JABÈS

¿Por qué estoy vivo
Y el vaso lleno de agua
Y la puerta cerrada
Y el cielo igual que ayer
Y los pájaros dorados
Y mi lengua mojada
Y mis libros en orden?

JORGE EDUARDO EIELSON

HOMBRE DE PASO

I

Aquí me empieza la vida
hombro con hombro
contra la suerte
y los días que van llenos de susto
Todo es por accidente:
se le pierde el miedo a la muerte
porque hay días del hombre
que se le escapan
Mas cómo no renunciar
si a cada instante se nos tuerce el pie
caemos lejos
con el tobillo abierto
de par en par
y luego nos acuestan sobre un nicho
para decirnos:
Duerman tranquilos
aquí no sube la marea
Es en vano: estoy por decirme
pero me tengo en la punta de la lengua
Es en vano: aquí me empieza la vida
y voy de paso

II

Es que a veces el cuerpo
nos nace de golpe
y va quedándose
como de paso
Comparte nacimientos
para dejar constancia
de haberse hecho
solidario
Viene el cuerpo de hundir
sus ojos tristes
de irse amontonando
en la carrera
de cavar exactos días
Es que el cuerpo no conoce
muertes
hasta que sale a jugarse
la vida

III

Caigo en lo cierto
de haberme recontado
al derecho y al revés
de haber endurecido
mis horas de trabajo:
Ni siquiera en el bolsillo
me fue fácil descansar la mano
Enflaquecí en el exterior

de los espejos
con una mancha de polvo
en el ombligo
y un puñado de sombra
entre los ojos

IV

He aquí que nadie sabe quién se ha muerto
He aquí que se ponen presurosos
a cegar puertas y ventanas
como si ya nadie viviera en esta casa
He aquí que me voy perdiendo en los rincones
sosteniendo paredes que se caen de su peso
He aquí que saludo la pena de los muebles
el único olor de la cocina
He aquí que me detengo en esta edad
que me recuento
He aquí que con toda la gravedad
de un hombre extraño
busco hospedaje en esta casa

V

Un día de estos
rompes con el mundo
como quien abre
un camino
en mitad de la noche
no sin irte tiempo

abajo
a explorar el fondo
donde el mar
te transita
no sin buscar
el hueso generoso
que llena todo espacio

VI

Al final del día
todos comparamos crepúsculo
con muerte.
Si a su encuentro pasa
cualquier hombre,
le concedemos
derecho a su sombra,
lo seguimos
como a un barco el ojo.
Si la luz nos sacude
las costuras,
lo abandonamos un instante:
Si nos creemos a punto
de viajar con él,
nos abrochamos lentamente
el zapato,
reiteramos nuestro adiós,
le aseguramos que jamás
lo hemos visto
irse desnudo
con destellos de metal:
Separados nos vamos

frente al día disciplinado
por la costumbre.

VII

Ni poder hacerse el loco
disimular la mano
cuando el golpe
es anterior al acto
y decir soy ahora
después que me midan
cada paso
Y uno que procura vivir
aunque la muerte
nos vaya soltando
las costillas
en cada salto mortal
que en su función de vida
el cuerpo encuentra
necesario

VIII

Al ponerse de pie le suceden cosas imprevistas
Se atraganta con el aire
sufre alucinaciones y desmayos
le echan en cara no tener historia
Entonces se mezcla con los hombres
va moldeando su frágil maquinaria a tropezones
se hace funcionario

lo llenan de papeles
funda un hogar entre el silencio de los muebles
Un día se hace ciudadano y se retrata
le otorgan una cédula
se hace un ser social
se casa
Laboriosamente cría hijos
Pierde con el tiempo algunas piezas
(escupe su pequeño coágulo de sangre)

IX

Entre dos puentes
me escucho ahogado
Me niego a pagar futuras cuentas
ahora que soy una memoria
Convertido en cifra y cementerio
voy distribuido
en cada puño de tierra
que golpea el viento
Yo que fui el hombre mismo
demostrativo pie
de andarme secuestrado
por el mundo
quedo entre dos noches

X

Mi silencio es un tañido de campanas
y la palabra más reveladora

la que calla su secreto
como este corazón errante
todo campana
todo silencio.

XI

Siempre me digo
los tiempos fueron otros

Allí donde pensé
habitar una embarcación
sin movimiento
arreciaba el verano
y el mundo se poblaba
de hombres a la deriva

ESTADO DE LAS COSAS

I

Con el dedo en el gatillo
ese vacío de tiempo
en el que todo cabe
y es posible
donde la vida es un disco
que ensordece
como la palabra más próxima
al silencio
Y ese silencio como una explosión
de castillos en el aire
dilatando la oscuridad
del cerebro
Así
de cara a esta muerte oportuna
antes de que la acción opte
por la memoria
Antes de que me huya el cuerpo
impelido apenas
por la fuerza del índice

II

La verdad yo no quiero irme a ninguna parte
Me siento perfectamente bien donde estoy
Ni siquiera me preocupan
esos hombres que se me adelantan

tirándose por la ventana
Sé que es inútil ocuparse del propio velorio
Lo que es yo: no me muevo de aquí
ni aunque me pongan una pistola en el pecho
Lo que yo quiero es quedarme
donde tengo los pies
Defender mi metro cuadrado
como Leónidas el Paso de las Termópilas

III

Enorme el día:
vivo del sol y de su tamaño
(Tal es la distancia
que en mí ingiere la noche)
Todo se hace en derrota
todos vamos estrechando
la estación única
Perdurables luces inflaman
la memoria:
estaré más lejos de hoy
en este día impuesto por el sol
y su hechizo
De la luz
al sonido encantado de la voz
(Perezoso deseo de abandonarse
a la suerte)
Que el día me invada
y deje su hastío por donde
se abra una puerta

IV

Cualquiera tiene ojos para la muerte
le hacemos guardia
entre dos puertas
que unísonas se cierran
al entrarnos
transeúnte
como un ala
Hilamos nuestra justa
prórroga
no por fieles a llenarnos
de tierra
los bolsillos
sino que en la intemperie
nos brilla la ceguera
y muda
gotea de los ojos

V

Le doy al poema
el tiempo justo
de fumarme un cigarrillo:
En fin, no dejo de ser
un hombrecillo
que causa estragos
en el mundo
con los ojos.
Y es natural
que al faltarme

las palabras
me sobre el peso
de la ceniza.

VI

Ese niño que sólo tiene
espalda y ojos
ese ángel apagado
que me mira desde el hueco
de su infierno
es el feliz enemigo
de mi muerte.

De manera que en él
debiera imaginar un hijo

VII

En su primera muerte
no pudieron enterrarlo
porque nadie había visto jamás
un cementerio
Abandonado al viento
le creció el corazón como
una semilla
En su segunda muerte
no conoció más luz
que las estrellas
lo sepultaron en el río

cara a cara
con el mar
En su tercera muerte
le fue más difícil renunciar
a la vida
Sucesivamente lo vistieron
de profeta
lo nombraron viajero de sus
muertes
Y en la espera sobrevino
la palabra
En su última muerte pronunció
Amo la vida

VIII

¿Se nos hará duro este pan
el día que ya no lo toquemos?

¿Podrán oír nuestras visiones
el día que ya no las callemos en voz alta?

¿Nos llamará la muerte
sin que silencie su boca de ambulancia?

IX

He aquí de nuevo tus pasos
deambulando por mis sueños

Ya era hora: me faltaba en la memoria
tu tenue aleteo de murciélago
Ven, acurrúcate sierpe
en mi historia
Borra todo lo que en mí
te es indescifrable
Devora este orgulloso desperdicio
de tu carne que hurga vorazmente
en el puño de mi letra
Qué bien lo sabes, ¡mierda!
Un solo gesto tuyo
bastaría para convertirme en tierra

X

El círculo de nieve
escapa al ojo
en remolinos de humo
Ni un solo tono gris
sombrea la tarde
sino un cerrar de ojos
Detenido ante el vacío
el cuerpo cobra peso
más el impulso de colores
que la mente va creando
en la estrechez del círculo

INVENTARIOS

I

Ni siquiera me impongo
la más mínima urgencia
a pesar de haberme visto pasar ciegamente
por mi historia
guiado de la mano por fantasmas
que son padres
que son hijos
Nadie más desterrado que yo
y ni me quejo porque la muerte
me muestre sus canas
para decirme:
Aquí te dejo para que sueñes
las muertes más atroces
Es que no entiende
digo que ni siquiera abriga la sospecha
de que los pies me flotan
con la súbita certeza
de que ya nunca bajarán
a pisar tierra

II

Nací en los clavos de Jesús.
En su corazón de fina estampa.
En la estrella de seis puntas.

En el vientre de los huacos.[1]
En el padre y su palabra inaudita.
En la madre y su sombra contraria.
En la lengua muerta de su ausencia grave.

III

Se me hace alguna vez
haberme dado de narices
con el cuerpo
y haberme visto sobrevivir
a duras penas
Alguna vez la vida
se me hizo con el tiempo
más ajena y se me hace
haberme visto
como en sueños nacer
en un pueblito del Perú
creciendo desde lejos
y reclamando desde aquí
una presencia de hace años
ahora que me entra la nostalgia
de capturar viejos recuerdos
que se me hace alguna vez
haber vivido

---

[1] HUACA, HUACO, HUAQUERO: *vid.* nota 1, p. 110.

IV

En mi corazón
hay un hueco hondo.
En mi cerebro
un hueco aún más hondo:
para los que comen doble
y para los que ayunan doble hambre.

V

El día se me acomodó
en los fondillos
Se me arqueó el cuerpo
en la corbata
La risa me agarró
del cuello
me estranguló
por varias cuadras
Yo lo ayudaba con las piernas
Con un antifaz
me abría paso entre la gente
La noche cargaba con mi hueso
como un perro
Se me llenaron los ojos
de ventanas

VI

Uno filma mentalmente hermosos flash-backs
y en el acto un muerto nos entra a cachetadas
Si uno se pone a redactar su testamento
se es por lo común una bomba de retardo en el desierto
Adivinar el futuro
es forcejear contra fantasmas
Lo mejor es romperse el alma a cabezazos
Reservar una parcela en el infierno
Comprarse un ataúd de hierro
Irse a vivir contento de la muerte

VII

Si con previo aviso de la muerte
—en su costumbre de dar ligeros
toques a la puerta—
me hubiera de morir mañana
edificaría mi última morada:
todo el esfuerzo de una vida
en cada piedra
y luego el roto descanso
de la tierra
Pero quién ha de escuchar
si la soledad silba al oído
el fin del sueño
Quién cegará el ojo
que codicia nuestras cosas
Quién mutilará la mano
que nos hurga los bolsillos puestos

Quién el pie que nos patea
del zapato

VIII

Ven cómo tejo
desiguales historias con los ojos

Cómo tallo estos huesos
que buscan ser una memoria

Cómo porfío
en este reloj de un solo tiempo

IX

Se me pide que le destape
una rendija al pasado
y señalo la cara de mi padre

Se me pide
que haga la maleta
y anudo el bulto de mi dura camisa

X

Nadie hablará mal de mi epitafio
ni llegará a comer tarde de mi almuerzo

Nadie olvidará que pasé por la vida
con la máscara del olvido
y que me entregué desesperado
a los brazos de la muerte
donde mi imagen se preparaba
para imitarme.

MÁSCARAS

Nos repartieron máscaras y pudimos ser reconocidos.

Mirko Lauer

*Entren en las sombras de sus máscaras,
conozcan sus relieves, miren desde
las traiciones y fracturas del mundo.*

Tulio Mora

I

Padre:
más allá de mi ojo de profeta
—tribu sentenciada a vagar en el desierto—
más allá de mi lengua jeroglífica
te busco y me acerco a tus garras amenazantes
Me nutro de tu aire que flota a la deriva
y para serme fiel me pongo tu máscara.

II

Madre:
tu mirada de espaldas
la quietud de tu sordera
la mentira de tu imagen,
tu milagro ajeno a los milagros
la bondad de tu palabra

como niña abandonada.
Hoy como nunca es menos húmeda
la absurda sequedad de tu ausencia.

III

Los espejos rotos
donde aprendí a mirarme
El carnaval pletórico
de máscaras.
El domingo con tanta plaza
y ésta con tanta iglesia
los domingos
y tantas imágenes de mi rostro
tan arcaicas.

Diálogos conmigo y mis otros

Juan Carlos MESTRE, *Libro de los libros*, 5 (2017).

Salir de mí
buscarme entre los otros.
Los otros que no son si yo no existo
los otros que me dan plena existencia.

OCTAVIO PAZ

Son palabras, frases de otros, que manipulan
febrilmente las puntas de mis dedos...

CARLOS GERMÁN BELLI

PREFACIO

> *Quien no tiene patria,*
> *encuentra en la escritura un lugar para vivir.*
>
> Theodor Adorno

> *Una forma*
> *De escribir poesía*
> *Es vivir epigrafiando*
>
> Luis Hernández

Estos poemas son el diálogo
que ellos sostienen con los epígrafes
y estos epígrafes son el diálogo
que ellos sostienen con los poemas.
Pero sin saberlo.

ESCRIBIR UN POEMA DESPUÉS DE AUSCHWITZ

> *Escribir un poema después de Auschwitz*
> *es un acto de barbarie.*
> *Después de Auschwitz toda cultura es inmundicia.*
>
> THEODOR ADORNO
>
> *... la Tierra*
> *es un dado roído y ya redondo*
> *a fuerza de rodar a la aventura*
>
> CÉSAR VALLEJO

Este no es un poema.

Ironías de la vida:
al carpintero Jesús
lo clavaron en la cruz.

La vida juega con nosotros.

Juega y juega
y al final a todos
nos sale la misma ficha.

Los dados eternos.

Con este título
escribió César Vallejo un poema
antes de Auschwitz.

SABERES

> *Sólo los judíos saben lo que son.*
> *Mas nadie sabe lo que es un judío.*
>
> MAX AUB
>
> *Saber: ser muy sagaz y astuto.*
>
> DICCIONARIO DE LA REAL ACADEMIA ESPAÑOLA

El que sabe, sabe
Ser astuto no es un don divino

Nadie sabe lo de nadie
La astucia es hija de los destierros
uno tras otro tras otro.

El judío y el zorro son astutos
Más sabe el diablo por viejo
¿A qué saben los destierros?

¿Y el judío?
Vaya uno a saber por dónde anda.

FOOL THEM TWICE, SHAME ON THEM[1]

> Rabí Levi Itzjak envuelto en el talit y con las filacterias
> no se mueve de su lugar. Delante del tabernáculo
> el libro de las plegarias está abierto, pero él no pronuncia ni
> [una palabra.
> Ve en su imaginación los cuadros del gueto, la agonía, el
> [dolor y la humillación.
> Calla empecinadamente, el anciano está enojado
> [con su viejo Dios.
>
> ITZIK MANGER
>
> No estamos vacunados contra otro holocausto.
>
> DANIEL RAFECAS

A Dios hay que modernizarlo.

Grande ha sido el salto
de la hoguera española
a la cámara de gas.

Una locura pensar
en el próximo Holocausto
con el mismo viejo Dios.

---

[1] "Si los engañas dos veces, la culpa es de ellos".

CAÍDAS

> *Soy un hombre herido*
> *Por la espalda*
> *Y como estoy herido*
> *Sé adónde voy.*
>
> LUIS HERNÁNDEZ

> *Yo quiero pararme lo más cerca del borde que pueda*
> *sin caer al vacío. Allí en el borde uno ve todo tipo de cosas*
> *que no pueden verse desde el centro.*
>
> KURT VONNEGUT

De dónde
tanta tristeza
que te persigue
Andas por el filo
y caes con ella
aplaudiendo
el espectáculo
de la caída
Hay otro sol
en el fondo
Un silbido
que llama
un gesto negro

BOTELLAS

> *Voy por el camino con mi botella y mi sombra.*
> *Afortunadamente mi sombra no bebe.*
>
> Omar Khayyam
>
> *Un poema, como es una manifestación del lenguaje y éste es en su esencia dialógico, puede ser un mensaje en una botella lanzado en la creencia —no siempre esperanzada— de que alguna vez y en algún lugar arribe a alguna tierra, a la tierra del corazón, quizás.*
>
> Paul Celan

Muchos de los grandes poemas de muchas lenguas
fueron escritos por poetas alcohólicos.

Sus nombres son harto conocidos.

Todas las botellas que bebieron
fueron mensajes en un poema
lanzados en la creencia
—no siempre esperanzada—
de que alguna vez y en algún lugar
arribe a alguna tierra,
a la tierra de la razón, quizás.

SENTIMIENTOS

> *Quienquiera que se sienta inocente está listo
> para luchar contra su adversario.
> Quienquiera que se sienta culpable cruza
> espadas con sus demonios.*
>
> ALAIN FINKIELKRAUT
>
> *Lo que en mí siente está pensando.*
>
> FERNANDO PESSOA

Es imposible entender
el deseo de exterminar
a todo un pueblo
que ha dado tanto
—en todo sentido—
a la humanidad.

¿Es posible entender
el deseo de exterminar
a todo un pueblo
que no ha dado nada o tanto
—en todo sentido—
a la humanidad?

Deseos que harían reír
si no por la gravedad de los mismos.

ECOS

> *Una novela, al contrario que un ensayo, no llega a conclusiones, aspira, en todo caso, a reunir contradicciones (…). Estoy interesado en contar cómo a través de la acumulación de estos estereotipos [antijudíos] se construyeron los Protocolos.*
>
> Umberto Eco

No son los judíos la espina clavada
en el corazón de los antisemitas,
sino su pensar.

Borrarlos de la vida:
el judío que no existe no puede pensar.

Los judíos que pensaron
serán llevados al crematorio
y no quedará de ellos ni sobre ellos
una sola imagen, un único número,
una sola nota, una única letra.

Borrarlos de la memoria:
sacarse la espina.

PÉRDIDAS

> *Pero cuando llegó a los límites de lo comprensible*
> *sin resignarse a no comprender, dijo lo incomprensible*
> *y perdió tres cosas: el yo, el lenguaje y el mundo.*
>
> Jean Améry

Un hombre gritaba en plena calle
que no comprendía a la gente
que no entendía a Dios.

Cruzaba el cielo una paloma blanca
y cayeron sobre el cráneo del hombre
dos proyectiles de mierda.

La buena suerte animó al hombre
a seguir gritando lo mismo.

HUMANOS

I

> *Quien se cree capaz de separar su mundo interno del mundo externo no tiene ningún mundo interno del cual pueda separar nada.*
>
> ELÍAS CANETTI

Una vez se le preguntó al humano
qué clase de humanismo profesaba.
Respondió que su humanismo era privado.
¿Una postura excéntrica?

II

> *Carecer de nombre es pertenecer a la muerte: sin cualidades, ni sombra ni sueño, ni imaginación, ni alma.*
>
> ESTHER COHEN

Se ofuscaba si alguien le decía que no era humano.
Sucedía que no tenía la menor duda de ser humano
y no podía ni quería dejar de serlo.
Admitía que pudiera pensarse
que había algo contradictorio
o, peor aún, que se tratase de una inconsistencia
entre lo que se es de hecho y lo que se cree que se es.

III

> Índole propia del hombre es aborrecer a aquél a quien se ha herido.
>
> TÁCITO

Humano era aquel a quien los otros consideraban como tal. Se era humano por señalamiento del otro. Pero el humano no estaba de acuerdo: una identidad no podía señalarse negativamente.

SOCIALISMOS

> *Si no hay justicia para el pueblo,*
> *que tampoco haya paz para el gobierno.*
>
> EMILIANO ZAPATA
>
> *Me gusta el caviar pero prefiero la huevera frita,*
> *bien comida con su limón y su rocoto*
> *en el mercado del Callao.*
>
> ALEJANDRO SÁNCHEZ-AIZCORBE

Un día el socialismo se miró en el espejo
y se dijo a sí mismo:
Ahora ya estoy listo para actuar en el mundo.

Renunció a la verdad absoluta.

Inició un nuevo diálogo con el humano.

Se mostró espontáneo.

ARTE POÉTICA

Negra leche del alba la bebemos de tarde

Paul Celan

*¿Qué se ama cuando se ama, mi Dios: la luz terrible de la vida
o la luz de la muerte?*

Gonzalo Rojas

Ver correr el río bajo un cielo sin nubes
aguas de otros ríos afluyen al río
que pasa por quien escribe
y quien escribe es la red de los sueños
jalados por la corriente
agua blanca del sueño la volamos en las alas del ave
sueño negro del agua lo bebemos en la palabra
¿Qué se escribe cuando se escribe:
la muerte con sol encima del paisaje
o la vida sin sombra debajo de la tierra?
El río traza un camino no se sabe si de sol o de sombra
el sueño empuja las palabras sobre las aguas
que corren ausentes a quien escribe
y quien escribe las mira correr
con ojos que como el sol rehúsan hundirse

PUEBLOS Y POETAS

> *Feliz el que reconoce a tiempo que sus deseos
> no van de acuerdo con sus facultades.*
>
> JOHANN W. GOETHE
>
> *Para escribir en el aire no se necesita alfabeto ni abecedario,
> solo pensamiento y lenguaje...*
>
> GREGORIO MARTÍNEZ

Cuando un pueblo pequeño
da un poeta grande,
ese pueblo pasa a ser grande.
En el Perú sólo se ha dado un caso.
No lo menciono por obvio.

MUERTES

> ¡Oh! Hijo de la muerte, no te deseamos la muerte.
> Que puedas vivir tanto como nadie jamás ha vivido:
> Que puedas vivir insomne cinco millones de noches,
> Y te visite cada noche el dolor de los que vieron
> Cerrarse la puerta que impide el camino de regreso,
> Crecer las sombras en torno, cargarse el aire de
> [muerte.
>
> PRIMO LEVI
>
> La muerte se escribe sola
>
> BLANCA VARELA

La muerte

Muchos se la imaginan
Y nadie la ha visto

Yo una vez mentí que la vi

Se apareció en mi delante
Y desde entonces no he vuelto a mentir

La muerte no puede conocerse
En el alma del otro

Tampoco en el cuerpo del otro

Quien dice he visto a la muerte
Porque ha visto morir

O porque ha visto un difunto
No ha visto a la muerte
Porque la muerte no puede verse en el otro

SERES

Seré que Seré.

DIOS

Si Serás que Serás,
¿Qué Fuiste ayer?
¿Lo Mismo que no Eres hoy?
¿Lo Otro que Serás mañana?
¿Lo que nunca Serás hoy?

JAI QS[1]

I

            …*un soliloquio en una lengua muerta*

                              ENRIQUE LIHN

La palabras,
como los árboles,
por pequeñas que sean
siempre echarán raíces

II

            Ser peruano en cualquier parte
                  del mundo es imposible.

                        PEDRO GRANADOS

Para volver al lugar
de donde uno no se ha ido,
tal vez no sea necesario dejarlo

---

[1] JAI: "vida", en hebreo.

III

> *Estoy acostumbrada a ver la vida en una doble dimensión: el aquí y ahora, y el allí y entonces.*
>
> HANNAH ARENDT

Nacer para morir
la más grande estupidez
y encima, saberlo

IV

> *No existe una conciencia colectiva. La elección es siempre individual. Ahora sabemos que no hay sujeto colectivo, que todo sujeto es individual, se trata de construir desde ahí.*
>
> ÁGNES HELLER

Está muy bien eso de Dios
y Su libre albedrío
pero ¿por qué dejar a las víctimas
en manos de sus verdugos?

V

> *El ídish aún no ha dicho su última palabra.*
> *Los fantasmas aman el ídish y, por lo que sé, todos lo*
> *hablan.*[1]
>
> ISAAC BASHEVIS SINGER

Cuando el humano murió
se llevó el último idioma
hablado sólo por humanos

---

[1] ÍDISH o YIDDISH: *vid.* nota 5, p. 147.

HISTORIAS

*El rechazo del cristianismo por los judíos
sólo puede ser calificado como brillante.*

E. M. CIORAN

Avancen hacia atrás.

LETRERO EN LOS AUTOBUSES DE VARSOVIA

Si el romano Constantino
no hubiese declarado el cristianismo
la religión oficial del Imperio
y, en vez, hubiese elegido el judaísmo,
hoy Roma sería judía y el Vaticano,
con su correspondiente
Tercer Templo de Salomón,
reposaría en una colina de Jerusalén.

Otra sería la historia.

Entre 1140 y 1145 el rabí Ezra el Sabio
vivió en Roma y allí redactó
los comentarios al libro del Eclesiastés
y al de Job.

BIOGRAFÍAS

> *La verdad biográfica es totalmente inalcanzable,*
> *y si se la pudiera alcanzar no serviría de nada.*
>
> SIGMUND FREUD

> *...confundiendo, volviendo todo al revés, contaminando la*
> *realidad para que esta no contaminara demasiado la ficción.*
>
> JORGE EDUARDO BENAVIDES

El recuerdo es aquél
que uno hace existir
y no es posible apresarlo
más que imaginándolo.

Todo lo vivido es la biografía
de un ser imaginado.

CASTICISMOS

> Pero quisiera ser ecuánime en este juicio que usted me pide. También del lado de las víctimas de esas injurias [los judíos] hubo un punto de responsabilidad... Es el error que amenaza a toda minoría selecta y cerrada que, con su inteligencia, laboriosidad y perspicacia, practique una endogamia exclusivista. Esta fue la situación que la barbarie nazi utilizó arteramente para lanzarse en sus prácticas genocidas contra los judíos europeos.
>
> JOSÉ PUENTE EGIDO

Lo castizo —no importa cuál sea la casta
ni el país donde se encuentre—
no permite lo judío.

Los castizos siempre verán lo judío
solo como lo judío,
jamás como lo castizo.

Cuidémonos los judíos
de nuestros compatriotas castizos
y de nuestros castizos judíos.

RUIDOS

> *Durante la guerra no hablaban las palabras*
> *sino los rostros y las manos.*
>
> AHARON APPELFELD

Los niños jugaban pelota
No dijo ay el cristal roto
No aulló la ambulancia
No gruñó la orden de fuego
Tampoco silbaron las bombas

Los rostros y las manos ¿qué dijeron?

JUDÍOS Y PERUANOS

> *Pero el hombre judío es dos veces hombre por aquel poder de estar ausente de sí mismo y de ser otro que sí.*
>
> VLADIMIR JANKELEVITCH

> *No es lo mismo un cholo calato que un desnudo griego.*
>
> RODOLFO HINOSTROZA

> *El hombre es el hombre (aunque sea peruano) se le vea por donde se le mire.*
>
> CESÁREO MARTÍNEZ

Ser el otro de uno mismo.
Ser dos: el ser completo.
Serlo al mismo tiempo.
En un mismo cerebro.
Desde el centro de uno mismo
ser el otro en espíritu.

Por ser el otro
cuántos perdieron el ser físico.

ESTILOS

> *Si yo soy yo porque yo soy yo y tú eres tú porque tú eres tú,*
> *yo soy yo y tú eres tú. Pero si yo soy yo solamente porque tú eres tú,*
> *y tú eres tú porque yo soy yo, ni yo soy yo ni tú eres tú.*
>
> Rabí Menajem Mendel de Kotzk

> *Las palabras me anteceden y me sobrepasan, me tientan*
> *y me modifican, y si no me cuido será demasiado tarde:*
> *las cosas se dirán sin que yo las haya dicho.*
>
> Clarice Lispector

Mi estilo podría llamarse bipolar.

Por no buscar mi propia voz
—temor a no tener qué decir—
he escrito a través de otras voces,
como con mordaza.

Voces de personajes que no saben escribir.

Personajes que escriben con la voz del escritor.
Nunca con la voz del yo.

Es mortal el temor de no tener qué decir desde el yo.

PARAÍSOS

Si es este un mundo cristiano, los poetas somos judíos.

MARINA TSEVIETAEVA

¿Hubo un jardín o fue el jardín un sueño?

JORGE LUIS BORGES

Los cristianos mueren y se van al Cielo;
los judíos al Edén.

Morir es volver al lugar
de donde hemos venido
y del cual guardamos
un tenue recuerdo.

Para cristianos y judíos
morir es volver a ser inmortal.

¿Cuál de los dos paraísos
se parece más a la vida real?

¿Cuál de los dos parece más un jardín?

DESEOS

Es imposible que a nadie no le guste el olor de su propia mierda.

CHARLES BUKOWSKI

Donde acaba el deseo comienza el temor.

BALTASAR GRACIÁN

Los deseos más oscuros
arrojan luz sobre la oscuridad
si uno sabe reconocerlos

TELENOVELAS

> *Trabajamos en la oscuridad, hacemos lo que podemos
> y el resto es la locura del arte.*
>
> Henry James

No es que la gente inteligente
no viva los mismos dramas cotidianos
que la gente no inteligente,

sino que los vive y los piensa distinto,
de forma inteligente.

LECCIÓN DE RELIGIÓN

> *…todos, con tal de verlos, les ponen una cara*
> *y los hay que hasta les ponen carne y hueso a sus dioses.*
>
> Elías Scherbacovsky
>
> *Dios no está en los cielos:*
> *Dios es la mente que llamamos cielos.*
>
> Enrique Verástegui

Al rehusar interpretar correctamente la situación,
la religión puso en movimiento la catástrofe final.
Tal fue la trágica continuación de la historia.

Sabía que nadie podía decir más del humano como el
                                                            [humano.
Existían muchas cosas que se podían decir,
pero las más profundas, las más reveladoras,
las más extremas se hallaban en la concepción de sí mismo.

Entonces la religión decidió hacer y decir algo.
Deseó ser reconocida por el humano
y que éste se definiera por sus preceptos.
No quiso ser fruto de su imaginación.

Luego se sentó sobre un trono alto y sublime
y desde ahí dio voces, cubriéndose el rostro.
Le advirtió al humano que su casa quedaría destruida
y cualquier cosa demoníaca tendría libre derecho para
                                                                    [atacarlo.

Suplicó y lloró sobre el humano
pero el humano ya no quiso.

MEMORIAS

> *Para un judío ser feliz es sospechoso.*
> *Siempre habrá que compensarlo con alguna desdicha.*
>
> Philip Roth

Un judío sin memoria
es como una gallina sin cabeza.

Recordar que a quien vivió
le será reclamada la armonía infinita.

ANIMALES QUE HABLAN

> *Una de las maneras de nombrar en hebreo al ser humano o a la persona es jai medaber, que significa literalmente "animal que habla".*
>
> VARDA FISZBEIN

> *...bien hablan animales en la noche, mientras grazna la gente.*
>
> MARCO MARTOS

Hablando se entiende la gente
en la Babel de las miles de lenguas

Pero el silencio es el mas elocuente
La sonrisa siempre puesta
el gesto que no dice nada
la mirada que todo lo calla
la máscara de los animales que hablan

CULPABLES

> *¿Quién, tan extenso el crimen,*
> *no sería culpable?*
>
> Jorge Guillén

Cuando
es
tan
extenso
el
crimen
insinuar
que
todos
somos
culpables
exonera
al
culpable
de
la
culpa

ESTATUAS

I

> Yo trabajo para que todos seamos generosos
> y creativos hasta afianzarla.
> Por eso planeamos una confederación de Estados:
> Palestina, Jordania e Israel...ya tengo nombre
> para esa confederación que fundaremos:
> Isfalur (de Israel), Falestin (Palestina) y Urdún (Jordania).
>
> A. B. YEHOSHUA

Un día los judíos erigieron
en un punto de la frontera
palestino-israelí
una descomunal estatua de David.

Ese mismo día y en ese mismo punto,
los palestinos erigieron una pequeña
estatua de Goliat.

II

> *Los mismos viajeros, los mismos hermanos de barco,*
> *las mismas ropas raídas, las mismas esperanzas*
> *las barbas puntiagudas, la mirada desolada, la misma sorpresa*
> *y el mismo deseo de encontrar la maravilla, la tierra prometida.*
>
> MARGO GLANTZ

Otro día los palestinos erigieron
en otro punto de la frontera
palestino-israelí
una descomunal estatua de Goliat.

Ese mismo día y en ese mismo punto,
los judíos erigieron una pequeña
estatua de David.

CIVILIZACIONES

*Aztecas e israelitas fueron pueblos guiados que peregrinan
en busca de la Tierra Prometida por el Dios.*

ESTHER SELIGSON

*Even in the Museum of Natural History el espíritu de las
cosas trasciende el tiempo: no tienen límites los antiguos.*

FREDY RONCALLA

Un día la civilización optó
por desaparecer del mapa,
y lo hizo sin avisar a la televisión
ni a la prensa escrita.

HUMANOS COMUNES

> Los monstruos existen pero son demasiado poco numerosos para ser verdaderamente peligrosos. Los que son realmente peligrosos son los hombres comunes.
>
> PRIMO LEVI

Anticipar: pésima costumbre.

Pero qué remedio queda.

Padres y madres enseñan
La necesidad de precaver.
Mas no el arte de la precaución.

Algo os está diciendo
esa nube negra que pende
sobre vuestras cabezas.

Cuando el gas Zyklon B
—el de las cámaras nazis—
haya ganado un par de puntos
en la Bolsa de Valores de Nueva York,
eso solo querrá decir una cosa.

LIBROS

I

*...un libro en el que estuviera lo no pensado
y en donde las cosas más extrañas resultaran naturales y viceversa.*

NILO ESPINOZA HARO

Ante la multitud agolpada al pie del cerro,
el Libro abrió la boca
y dijo que era un regalo de los dioses.
Nadie pudo imaginarse en ese instante
su progresiva evolución.
Primero su voz resonó en los templos:
transmitió al humano el origen,
las acciones y las cualidades de sus Creadores,
pronunciando ritos, conjuros y plegarias.
Su voz —libresca desde un comienzo—
reemplazó a la memoria del humano,
perfeccionada durante milenios para recordar.
Hablaron a través del libro y para la posteridad,
políticos y gobernantes, sacerdotes y soldados:
Fue un gesto de vanidad, cultivada
y favorecida por sus páginas.
Luego el Libro transcribió cantos
y poemas para la lectura individual,
poniendo sólo al alcance de unos pocos
y en privado lo que en su forma oral
fue disfrutado por todos y en grupo.

II

> *El libro es la propuesta contra el caos,*
> *es el deber de la memoria y es la conciencia histórica.*
> *Asuntos todos éstos, claves para el judaísmo.*
>
> ANGELINA MUÑIZ-HUBERMAN

Antes del Libro
existieron numerosos signos
cuya lectura no era segura,
por lo que no había manera
de distinguir lo verdadero de lo falso.

PAÍSES

> *El dolor no es tanto cuando uno llega a un nuevo país*
> *y nunca piensas que te quedarás ahí de por vida,*
> *que siempre serás el mismo, y que finalmente*
> *no te volverás otra persona, esa que nunca fuiste.*
>
> MIGUEL ÁNGEL ZAPATA

La misma historia.
Tener que abandonar tu país.
Por el Sur los inquisidores.
Por el Norte los nazis.
Por el Este Stalin.
Por el Oeste todos los otros judeófobos.

La tierra otra vez prometida.

Una historia distinta.

Por el Sur los egipcios.
Por el Norte Hezbolá y los sirios.
Por el Este Hamás e Irán.
Por el Oeste todos los otros judeófobos.

TIEMPOS

> *El pasado nunca está muerto. Ni siquiera es pasado.*
>
> WILLIAM FAULKNER

¿No es el imperfecto un tiempo
que crea la ilusión de que las cosas
están pasando justo en ese momento?

Con el presente sucede algo parecido
sólo que desde otra perspectiva:
da la ilusión de algo ya pasado.

POÉTICAS

I

> se sienta a la mesa y escribe
> "con este poema no tomarás el poder"
>
> JUAN GELMAN
>
> Se escribe poesía porque se juega a ser dios.
>
> ENRIQUE SÁNCHEZ HERNANI

La poesía es el arte de las palabras
Tanto de la palabra oral como de la palabra escrita
La poesía es un arte cuyo medio de transmisión es el
[poema.

Las palabras escritas se ordenan en líneas
También llamadas versos.

El verso no es un artificio innecesario
Sino una necesidad intrínseca de las palabras
Al formar el poema.

Los versos del poema remedan la respiración del poeta.
Hay respiraciones distintas:
Respiraciones de versos muy largos
Y respiraciones de versos de una sola palabra
Que también puede ser —como palabra escrita—
Una letra.

Un poeta escribió una gran cantidad
De poemas compuestos de versos
De una sola letra.

Alcanzó una gran fama.

II

> ... la poesía es la esencia de lo literario [...],
> es la sangre y el alma de las palabras.
>
> ALFREDO PITA
>
> Poesía no dice nada:
> Poesía se está, callada,
> Escuchando su propia voz.
>
> MARTÍN ADÁN

La poesía hace que nazca el poema.
Es la madre del poema.
Existe sólo en el poema.

No hay poema sin poesía
ni poesía sin poema.

Sin el poema, está callada.

LIBERACIONES

> ...*aquella mal llamada "liberación" de Auschwitz.*
>
> JACK FUCHS

Un año antes
un par de meses antes
unas semanas antes
unos días antes
tres, dos, una hora antes
hubiese sido una liberación.
Pero fue un encuentro.

Un encuentro entre los soldados que sobrevivieron
y las sombras de los vivos muertos.

NOVELAS

*¿O será más bien que el narrador solo se cuenta
sus propias historias a sí mismo, como el niño que canta
en la oscuridad para disipar su miedo?*

IVO ANDRIC

*Autobiografía, novela, lo mismo. El mismo truco,
el mismo trucaje: parece imitar el curso de una vida,
desplegarse según su hilo.*

SERGE DOUBROWSKY

Utilizar la vida de uno mismo
para crear una novela no impide
el uso de la imaginación:

escribir una novela consiste
en colocarse en el corazón mismo del personaje,

lo que implica tener una intuición imaginativa de él.

JUDÍOS Y RUINAS

> *El judaísmo es el único gran culto que posee, como lugar más santo, una ruina.*
>
> JUAN PUNDIK
>
> *Todos los judíos somos en algún momento el ángel de Klee mirando hacia atrás y viendo sólo escombros.*
>
> ARNOLDO LIBERMAN

Desde entonces, el judío va errante,
sin hallar un lugar de descanso.

Es el hombre que no puede morir,
o que, tras su falsa muerte, ha de retornar.

Es el símbolo de la humanidad
que marcha de continuo hacia un fin imprevisible.

LOS ESPACIOS DEL CUERPO

> *La sinagoga es el único templo religioso
> donde el objeto de adoración es un texto.*
>
> ILÁN STAVANS

¿La sinagoga parece una iglesia?
Gracias a dios que no.
Las hay exhuberantes, incluso divinas,
pero parecidas a las iglesias, no.
Pero se han visto algunas que sí:
imágenes del primer y segundo templo.
Todos los templos prefiguran la pequeñez del humano
y la grandeza de dios.
¿En qué hemos estado pensando?
En el nicho espero que no.
En la tierra tampoco.
El polvo no necesita más espacio que el que le damos,
y la carne desaparecida tampoco.

MONIGOTES

> *Cuando se nos ataca como judíos es necesario defenderse como judíos, no como alemanes, no como cosmopolitas, tampoco como defensores de los derechos humanos, sino como judíos.*
>
> Hannah Arendt

Unas semanas antes de la Navidad,
los niños comienzan a confeccionar
un muñeco gigantesco con toda suerte de materiales
y de ropas viejas. Escogen
a uno de los habitantes del pueblo en quien
inspirarse para armar el muñeco.

Modelan entonces la cara del monigote
basándose en dicho personaje
y se le pasea por las calles del pueblo.

Felizmente, en el pueblo nunca ha faltado un judío,
y, cuando falte, quedará el recuerdo.

MEZCLAS

> *El judaísmo mantiene con la historia una relación especial…*
> *[Su] principal característica es precisamente ésta: dar*
> *testimonio de la historia, de su incesante fluir. Es lo que*
> *encontramos en todo momento en el relato bíblico: una*
> *dislocación constante, tanto en el espacio como en el tiempo.*
>
> MOACYR SCLIAR

El que más se helenizó fue el judío.

También el que más se romanizó.

Un ex judío introdujo el cristianismo en Roma.

No sorprende entonces que el cristianismo
sea una mezcla de paganismo romano
con ciertos rasgos de monoteísmo judío.

POSICIONES

Sé judío en casa y hombre en la calle.

Moisés Mendelssohn

*no te acuestes en posición contraria
al discurrir de un río
o serás arrastrado
toda la noche*

Odi Gonzales

La del misionero
La del hombre sobre su compañera acostada y de frente
La revolucionaria
La del hombre y la mujer tendidos cara a cara
La de la mujer de espaldas al hombre con el
cuerpo ligeramente replegado
La del judío detrás del mostrador
La de espaldas al paredón
La del psiquiatra detrás de un escritorio
La de la mujer encima de su compañero
La del cura en el confesionario

Las posiciones de pie
practicadas por discreción o falta de espacio

EXTRANJEROS Y TIERRAS

> *La identidad de un judío está en su cabeza.*
> *Su patria fue ante todo interior.*
>
> A. B. YEHOSHUA

> *Nosotros seguimos adelante, más adentro del pueblo.*
> *La tierra que nos han dado está allá arriba.*
>
> JUAN RULFO

Es conocido el sexto sentido de los no judíos
para percibir que los judíos se sienten
extranjeros incluso en su propia tierra.

"Forastero he sido en tierra ajena"
habrá pensado el patriarca Moisés
cuando pisó el desierto de Canaán.

¿Habrá judíos que se sienten extranjeros
en la Tierra Prometida
por no haber nacido en ella?

GOLES Y ARQUEROS

*No hay un lugar de mayor felicidad humana
que un estadio lleno de fútbol.*

ALBERT CAMUS

*Creo que el fútbol es un pensamiento que se juega,
y más con la cabeza que con los pies.*

MILAN KUNDERA

*En el fútbol todo se complica
con la presencia del otro equipo.*

JEAN PAUL SARTRE

*El fútbol me recuerda viejos e intensos amores, porque en
ningún otro lugar como en el estadio se puede querer u
odiar tanto a alguien.*

FRANÇOISE SAGAN

Pocos segundos antes de terminarse
la final de la Copa del Mundo,
el Rabino Mayor de Jerusalén,
arquero del equipo de Israel,
que iba perdiendo 1 a 0,
lanzó un tiro desde su arco
al arco del Vaticano
—resguardado por el Papa—,
con la esperanza de lograr el empate.

La pelota sobrevoló todo el largo
de la cancha y fue a incrustarse
en el arco contrario.

Entonces el Rabino se arrodilló
sobre la grama, elevando los ojos al cielo
en agradecimiento a Dios.

El Altísimo, que había estado viendo el partido,
esbozó una sonrisa
y, rascándose la cabeza,
se dijo que ese gol
había sido un verdadero milagro.

DEUDA SALDADA

> *Este es mi pacto, que guardaréis entre mí y vosotros y entre
> la descendencia después de ti. Circuncidad todo varón,
> circuncidad la carne de vuestro prepucio, y esa será la señal
> de mi pacto entre mí y vosotros.*
>
> Dios

Señor:
La curiosidad de una hermosa
y cristiana dama
por mi púber pene circunciso
me hizo conocer
por la primera vez
las delicias de Tu Paraíso

HUMANIDADES

I

> *Un judío debe ser sensible al dolor de todos los seres humanos... La misión del pueblo judío nunca fue hacer el mundo más judío, sino hacerlo más humano.*
>
> ELIE WIESEL

En el Museo de la Humanidad
tenía cabida también
la Galería de las Cosas Desaparecidas:
quería recordar la idea y el ser de lo ausente.

II

> *El judío es un ser humano incluso antes de ser un judío.*
>
> WILHELM VON DOHM

Se les prohibió a los humanos
el regreso al Planeta Tierra
y así nació el mito del Humano Errante.

CUMPLEAÑOS

> Dar diez mil veces la vuelta al mundo o quedarse sentado en un sillón, al final arrojan el mismo e invariable resultado: la vida parece un sueño. Un sueño cumplido o un sueño por cumplir, o tal vez un sueño olvidado o un sueño para olvidar.
>
> NILO ESPINOZA HARO

A los 40 de estos 70 años mal cumplidos
la vida era la sombra desapercibida
era el soplo de un viento no sentido
era el beso del porvenir soñado.

A los 40 la vida era todavía.

RÍOS MARES INFANCIAS

I

Ahora comprendo que en nuestra tierra seca e interior
los trenes nocturnos eran el gran río
que nos llevaba al mundo
y nos traía luego de regreso...

Antonio Muñoz Molina

El pueblo no tenía mar.
Su mar eran las vías del tren.
Río sí tenía: la infancia.
Los viejos se sentaban a su orilla
a pescar recuerdos.

II

Los ríos no se van
Los ríos vuelven

Ángel Gavidia

El pueblo no tenía río.
Su río eran las vías del tren.
Mar sí tenía: el recuerdo.
Los viejos se sentaban a su orilla
a pescar infancias.

POESÍAS

> *Si estos poemas parecen no saber
> lo que quieren decir no es culpa suya...*
>
> EDUARDO CHIRINOS
>
> *Ya no haces poesía con un tema, sino con sonidos:
> escucho primero un sonido interior y eso me lleva a otro
> [sonido.
> La semántica, el sentido, nace del sonido, porque ese sonido
> ilumina en mí un recuerdo, un tema, una memoria.*
>
> RÓGER SANTIVÁÑEZ

Poesía bella
es sinónimo
de buena poesía.

Porque las ideas
son bellas
es buena la poesía.

El bello pensar.
La poesía que piensa.
A la manera de...
Los nombres son innumerables.
Poetas que pensaron
y poetas que piensan.

Contra el verso bien dicho
que no dice nada
la bella poesía

sí dice algo
aunque parezca mal dicho.
A la manera de...
Los nombres son innumerables.

TRADUCTORES Y POETAS

El traductor es un lector cercano.

CHARLES SIMIC

El traductor es un lector cercano.
Por eso puede darse el lujo de ser un traidor.
Un día, el poeta que se siente traicionado por el traductor
se matricula para aprender el idioma
utilizado por el traductor traidor.
Afuera, los idiomas pasan de boca en boca,
en palabras que vuelan, caminan o se arrastran
según sea quien habla.
Hombres y mujeres dicen una cosa por otra,
igual que la traducción.
El poema traducido es original
en el idioma de la traducción.
Los traductores de poesía,
buenos o malos,
gústeles o no,
también son poetas.

NUNCAS

> Hoy me gusta la vida mucho menos,
> pero siempre me gusta vivir: ya lo decía.
>
> CÉSAR VALLEJO

Tú, el vivo.
Tú liberas de tu alma otras almas.
Tú rechazas en tu saliva otras salivas.
Nunca dejas de llorar a ninguno de tus vivos,
Nunca dejas de amar a ninguno de los que te amaron,
si bien por un segundo, ni de enjuiciar sus lealtades.
Nunca dejas de arrodillarte como se arrodilla el esclavo,
ni de llamarte amigo de tus enemigos,
ni de seguir siendo el otro.
Nunca dejas de verte en nadie, ni en los probos.
Nunca dejas de acusar a ninguno de tus prójimos,
incluidos aquellos que apagaron el fuego
y también los hombres buenos.
Nunca dejas de negar que eres humano,
ni de abrazar tu humanidad,
incluso entre sus monstruos.

Juan Carlos MESTRE, *Libro de los libros*, 6 (2017).

Se terminó esta primera edición de

Libro de reclamaciones.
Antología poética personal (1981-2016),

de Isaac Goldemberg,

el 7 de enero de 2018,
festividad de san Canuto Lavard,
príncipe de Dinamarca,
primer duque de Schleswig y de Holstein
o de la Jutlandia meridional
y rey de los wendos abodritas,
en la ciudad de Palma.

LAVS DEO

Los Papeles de Brighton

https://lospapelesdebrighton.com

C

Catálogo

Enero de 2018

Colección Minúscula

1
Carlos Juliá Braun
Siete sonetos piadosos
26 pp.
ISBN: 978-0-9927430-0-0 (agotado; próxima reedición)

2
Juan Luis Calbarro
Diez artistas mallorquines
160 pp.
ISBN: 978-0-9927430-1-7 (agotado; próxima reedición)

3
Luis Ingelmo
Aguapié
62 pp.
ISBN: 978-0-9927430-2-4 (agotado; próxima reedición)

4
Carlos Jover
Bajo las sábanas
122 pp.
ISBN: 978-84-945158-2-8 (segunda edición)

5
Eduardo Moga
Décimas de fiebre
88 pp.
ISBN: 978-84-945158-9-7 (segunda edición)

6
Teresa Domingo Catalá
Destrucciones
86 pp.
ISBN: 978-0-9927430-7-9 (agotado; próxima reedición)

7
Ángel Fernández Benéitez
Memoria del ave encanecida
78 pp.
ISBN: 978-84-945158-4-2

8
Isaac Gómez Calderón
*La parábola del arcoíris
y una canción para acunar lo antiguo*
124 pp.
ISBN: 978-84-945158-6-6

9
Fernando Navarro
Socialistas utópicos
202 pp.
ISBN: 978-84-945158-7-3

COLECCIÓN MAYOR

1 / Poesía
Julio Marinas
Poesía incompleta (1994-2013)
132 pp.
ISBN: 978-0-9927430-3-1 (agotado; próxima reedición)

2 / Ensayo
Jorge Rodríguez Padrón
Algunos ensayos de más
156 pp.
ISBN: 978-84-945158-5-9 (segunda edición)

3 / Poesía
José Luis Pernas
Acaso el tiempo. Poesía reunida
148 pp.
ISBN: 978-84-945158-0-4

4 / Homenaje
Varios autores
Palabras para Ashraf
Edición de Juan Luis Calbarro
318 pp.
ISBN: 978-84-945158-3-5

5 / Ensayo
Luis Ingelmo
El crujido de la amapola al sangrar
322 pp.
ISBN: 978-84-945158-1-1

6 / Poesía
Máximo Hernández
Entre el barro y la nieve. Poesía reunida
Edición de Juan Luis Calbarro
726 pp.
ISBN: 978-84-945158-8-0

7 / Ensayo
Eduardo Moga
Homo legens
308 pp.
ISBN: 978-84-947593-1-4

8 / Poesía
Isaac Goldemberg
Libro de reclamaciones.
Antología poética personal (1981-2016)
Prólogo e ilustraciones de Juan Carlos Mestre
310 pp.
ISBN: 978-84-947593-0-7

COLECCIÓN ACADEMIA

1 / Pedagogía
Juan Jiménez Castillo
Leer para vivir
168 pp.
ISBN: 978-0-9927430-8-6

EN PREPARACIÓN

Moisés Galindo
Naturalezas muertas

Arturo Tendero
Alma se tiene a veces

www.ingramcontent.com/pod-product-compliance
Lightning Source LLC
Chambersburg PA
CBHW031616160426
43196CB00006B/150